本书获得山东省一流学科山东师范大学文学院中国语言文学学科建设经费资助

本书为山东省社科规划项目“汉语语用标记系统的历时演变研究（18CYYJ03）”成果

现代汉语复句关联标记历时研究

王天佑等◎著

中国社会科学出版社

图书在版编目(CIP)数据

现代汉语复句关联标记历时研究 / 王天佑等著 .—北京：中国社会科学出版社，2019. 6

ISBN 978-7-5203-4428-9

Ⅰ. ①现… Ⅱ. ①王… Ⅲ. ①现代汉语-复句-研究 Ⅳ. ①H146. 3

中国版本图书馆 CIP 数据核字(2019)第 090190 号

出 版 人 赵剑英
责任编辑 任 明
责任校对 季 静
责任印制 郝美娜

出 版 中国社会科学出版社
社 址 北京鼓楼西大街甲 158 号
邮 编 100720
网 址 http：//www. csspw. cn
发 行 部 010-84083685
门 市 部 010-84029450
经 销 新华书店及其他书店

印刷装订 北京君升印刷有限公司
版 次 2019 年 6 月第 1 版
印 次 2019 年 6 月第 1 次印刷

开 本 710×1000 1/16
印 张 12. 25
插 页 2
字 数 207 千字
定 价 80. 00 元

山东省一流学科山东师范大学
文学院中国语言文学学科中文书系
编 委 会

前　言

在现代汉语共时层面，汉语复句及其关联标记的研究已取得丰硕的成果，各个方面的研究已较为成熟，研究已向纵深推进。本书另辟蹊径，从发展史的角度，对取舍复句关联标记“与其”“宁可”等、选择复句关联标记“或者”“要么”“是……还是……”、并列复句关联标记“一边……一边……”“一来……二来……”“一面……一面……”进行研究，旨在梳理这些复句关联标记的发展历程并探讨其背后的动因。全书共分为九章，每个复句关联标记的研究独立为一章。

第一章，取舍复句关联标记“与其”的历时研究。本章讨论了“与其”的词汇化、“与其”句式的历时演变、“与其 p，不如 q”句式的主观化等问题。(一)“与其”的词汇化。连词“与其”是跨层结构词汇化而来的。“与”原本为动词，它所支配的对象是主谓结构的“其+VP”，“其”与“VP”处于同一层次；后来“与”虚化为介词，但它介引的对象仍是主谓结构的“其+VP”，“其”与“VP”仍处于一个层次；再后来当“与”进一步虚化为连词时，原有的句法结构被打破了，这使得原本不在同一层次上的“与”同“其”组合到了一起，连词“与其”最终产生。(二)“与其”句式的历时演变。“与其”句式随着历史的发展，几经调整，逐渐简化，最终“与其（说）p，不如（说）q”成为该句式最主要的表达形式。(三)“与其 p，不如 q”句式的主观化。现代汉语中的“与其说 p，不如说 q”句式是“与其 p，不如 q”句式主观化的结果。在这一主观化的过程中，说话人视角的转变贡献最大，其次是说话人的情感和认识。

第二章，取舍复句关联标记“宁可”的历时研究。本章探讨了“宁可”的词汇化、“宁可”句式的历时演变等问题。(一)“宁可”的词汇化。副词“宁可”是同义并列短语词汇化而来的。“宁”与“可”同属表主观意愿的词语，二者在意义上有接近之处，这就为二者凝结成词奠定了意义基础。此外，二者的句法位置也颇为一致，即“宁”与“可”一般都位于动词之前（状语）的位置。具备以上两个条件后，在语用频率和韵律构词规则的共同促发下，“宁可”最终凝结为词。（二）“宁可”句式的历时演变。“宁可”句式随着历史的发展，几经调整，也逐渐简化，最终“宁可 q，（也）不 p”成为该类句式最主要的表达形式。

第三章，其他取舍复句关联标记的历时研究。本章拟对“不 p，而 q”句式、“不在于 p，而在于 q”句式、“p，还不如 q”句式和“p，倒不如 q”句式等进行探讨。具体来说，主要从句法表现、历时演变、语义表达和语用环境等多角度对以上四类句式进行了探讨。以上研究旨在说明汉语中表达取舍意义的取舍句式绝不仅限于公认的那几类，汉语取舍句式应有自己独立的系统结构。

第四章，选择复句关联标记“或者”的历时研究。本章主要讨论了“或者”构式的历时演变过程和动因。首先，从先秦两汉开始，经过唐宋、元明清一直到现当代，文章对“或者”构式各阶段的发展情况进行了详细描写。其次，我们发现，“或者”的演变轨迹是由副词性结构凝固为副词，后来又有了副词和代词并用的用法，由于代词在历时的发展中虚化为连词，所以在现代汉语中保留了连词和副词的用法。最后，文章分别从句法位置、使用频率及重新分析等方面，对“或者”和“或者……或者……”构式语法化的动因进行了探究。

第五章，选择复句关联标记“要么”的历时研究。本章主要讨论了“要么”构式的历时演变过程和动因。首先，梳理了“要么”句式在明清、近代以及现当代各个阶段的使用情况。其次，我们发现，连词“要么”历时演变属于跨层结构语法化的范畴。最后，文章分别从句法位置、语义环境、韵律因素和使用频率等方面，对“要么”和“要么”构式语法化的机制和动因进行了深入的分析。

第六章，选择复句关联标记“是……还是……”的历时研究。本章主要讨论了“是……还是……”构式的历时演变过程和动因。首先，“是……还是……”构式的演变是从先秦两汉开始的，经过魏晋南北朝、唐宋、元明清，到现当代固定下来。其次，我们发现，“是……还是……”构式的演变涉及词语替代现象，其在先秦两汉同类的标记词为

“其”“将”“且”“抑”“意”“亡”“妄”等。而到了魏晋南北朝，其同类标记词主要是“为”“将”等。唐宋是“是”“还是”作为“是……还是……”构式标记词的萌芽阶段。元明清时期为“是” “还是”作为“是……还是……”构式标记词的巩固阶段。到现当代，“是”“还是”最终固定为“是……还是……”构式的标记词。最后，从句法形式、凝固性以及使用频率等方面，对“是”“还是”和“是……还是……”构式语法化的机制和动因进行了探讨。

第七章，并列复句关联标记“一边……一边……”的历时研究。通过对先秦、宋元、明清以及现当代时期的语料进行考查后，我们发现，“一边……一边……”在早期文献中尚未发现用例，“一边……一边……”作为框式结构最早较多出现在北宋，但尚未凝固，多是“一边”单独使用，意思是物体的周围部分或者是某一个方面。到了明代，该结构大量出现，清代基本固定或定型化。文章对“一边……一边……”语法化机制和动因进行了分析，发现从动词“边”到后来“一”与“边”的连用，再到组成“一边……一边……”在漫长的语法化发展过程中，语言的使用频率、句式构造、语用环境和语义表达等均起了重要作用。

第八章，并列复句关联标记“一来……二来……”的历时研究。“一来……二来……”结构最早出现在南宋，但用例很少。到了元代，在164条相关用例中，已有112例“一来……二来……”作为框式结构而被使用，尤其在元代杂剧和散曲中更为多见，不过该框式结构在元代尚未完全凝固或定型。到了明代，该结构大量出现，共有310条文献记录，“一来……二来……”作为框式结构的用法更加普遍，清代一直到现当代，该框式结构持续发展，其关联并列复句的用法逐渐凝固或定型。文章在结合认知语言学等理论的基础上对“一来……二来……”语法化的机制和动因进行了深入分析。

第九章，并列复句关联标记“一面……一面……”的历时研究。首先，本章按发展轨迹梳理了“一面……一面……”在各个时期的使用情况，结果发现该类标记在早期文献中多用作量词，其框式结构的用法最早出现在北宋，到了明代，“一面……一面……”作为框式结构已大量出现，清代基本被固定下来，民国直到现当代，用例更加普遍。文章对“一面……一面……”语法化的过程进行了考察，并从语义和语用两方面入手，结合认知语言学等理论知识，分析了该类框式结构语法化的机制和动因。

目　录

第一章

取舍复句关联标记“与其”的历时研究

第一节 “与其”的词汇化

现代汉语中的“与其”为连词，用来关联取舍复句。《现代汉语词典》(商务，2005) 指出，“‘与其’，连词，比较两件事的利害得失而决定取舍的时候，‘与其’用在放弃的一面（后面常用‘毋宁、不如’呼应）。”本节将集中讨论“与其”的词汇化过程和动因，重点揭示其动因。

要想弄清“与其”的词汇化问题，就必须把它的来源搞清。学术界对“与其”来源的探讨有两种代表性的观点：一是“动词说”。持此观点的主要是清代的袁仁林。袁氏在《虚字说》中认为，“与”为动词，是“嘉与”或“许可”的意思。二是“假借说”。持此观点的主要有清代的刘淇和王引之。在他们各自所著的《助字辨略》和《经传释词》中，刘、王二氏均认为，“与”是连词“如”的假借字，“与其”通“如其”。[①]

我们认为，“假借说”并不是最理想的解决方案。在上古汉语中，“与”和“若”“如”古音相近，虽可通用但用意不同。如：[②]

(1) 与吾得革车千乘，不如闻行人烛过之一言也。(《韩非子·难二》)

(2) 如以予人财者，不如无夺时；如以予人食者，不如毋夺其事。(《管子·侈靡》)

---

① 参见袁仁林著、解惠全注（1989）、刘淇（1983）、王引之（1985）。

② 本章语料均来自北京大学中国语言学研究中心 CCL 语料库，其中古汉语语料标注出处，现代汉语语料不作标注。

(3) 夫三子者曰:"若绝君好,宁归死焉。"(《左传·宣公十七年》)

例(1)、例(2),"与""如"均与"不如"组配;例(3),"若"与"宁"组配。总体上看,以上三例均表达出了一定的取舍意义,但在细微之处有所差异。例(1),"与"和"不如"组配,取舍关系的表达基于"比较"之上;例(2)、例(3),"如""若"分别与"不如""宁"组配,取舍关系的表达基于"假设"之上。周法高(1961)曾认为,"与"和"如"有时虽可相代,然用意不一定相同。可见,例(1)与例(2)、例(3)所表达的句式意义是有差异的,"假借说"对此差异难以解释。

不过,"动词说"却能较好解释"与其"的来源问题。解惠全(1989)针对袁仁林的"动词说",举《论语·述而》中的句子加以解释。[①] 如:

(4) 子曰:"与其进也,不与其退也,唯何甚?人洁己以进,与其洁也,不保其往也。"

解氏认为,例(4)"与其"组合中的"与"均为动词,均表"嘉许"义,"其"都为代词。据此他认为,连词"与其"或许是由动词"与"和代词"其"凝结而成的。

一 关联标记"与其"词汇化的过程

我们基本赞同上述解氏的观点,"与其"中的"与"确实原本为动词,"与其"的词汇化也是在此基础上进行的。如:

(4')互乡难与言,童子见,门人惑。子曰:"与其进也,不与其退也,唯何甚?人洁己以进,与其洁也,不保其往也。"(《论语·述而》)

(5) 至于群生斟酌用之,万物皆盛而不与其宁。(《韩非子·扬

① 参见袁仁林著、解惠全注(1989)。

权》）

在例（4’）中，“与其进”和“与其退”中的“与”为动词，表“赞同”的意思；“其”为代词，指代“童子”；“进”与“退”为动词。“其进”和“其退”为主谓结构，它们均充当动词“与”的宾语，“与其进”和“与其退”成为动宾结构。由于“其进”和“其退”充当了句子成分（作了动词“与”的宾语），因此“其进”和“其退”都取消了独立性，“其”只能被分析为“主语+之”的结构（本例中指“童子+之”）。同理，例（5）中的“与”也为动词，在本例中表“随同”的意义；“其”也为代词，在本例中指代“万物+之”；“宁”为动词。该例中的“与其宁”也为动宾结构，即主谓结构“其宁”作了动词“与”的宾语。再如：

（6）范献子谓魏献子曰：“与其成周，不如城之。天子实云，虽有后事，晋勿与知可也。”（《左传·昭公三十二年》）

（7）林放问礼之本。子曰：“大哉问！礼，与其奢也，宁俭。丧，与其易也，宁戚。”（《论语·八佾》）

例（6）、例（7）中，由于“与其”组合中的“其”指代功能有一定弱化、指代不很明确，故“与其”组合可能有两种解释。其一，“与其”属于“跨层结构”。“其”有明确的指代，指代“主语+之”的结构，同时“其”与它后面的动词短语（“VP”）构成主谓结构；“与”为介词无实义、表伴随义，它介引主谓结构“其+VP”，“与+（其+ VP）”组成介宾结构，在句中作状语。如例（6），“其”指代“魏献子+之”，同时“其”与它后面的“成周”（“VP”）一起构成主谓结构。“与”为介词，用来介引主谓结构“其成周”，“与其成周”构成了介宾结构。在句子“与其成周，不如城之”中，介宾结构“与其成周”充当了整个句子的状语，“不如城之”是整个句子的主干，“不如”为谓语，“城之”在这个句子里作了“不如”的宾语。同理，例（7）中的“与”也为介词无实义、表伴随义，“其”指代“礼（丧）+之”，“其奢（易）”为主谓结构，“与其奢（易）”为介宾结构。在句子“与其奢（易）也，宁俭（戚）”中，“与其奢（易）”作了整个句子的状语，句子的主干为“宁俭（戚）”，“俭（戚）”为谓语。其二，“与其”已属于“连词”。在此情况之下，“与”只具有关联两分句的功能，而“其”已无明确的指代。如例（6）、例（7），“与其”作为连词与“不如”“宁”组配，用来标记取舍复句关系。

由上可知，在“与其”词汇化为连词的过程中，“与”曾经历过“介词”这个中间阶段，这也就是“与其”在例（6）、例（7）中之所以能同时被分析为“跨层结构”和“连词”的原因。此外，随着“与其”词汇化的进一步发展，“其”的指代功能将会变得越来越弱化，直到无明确的指代。如：

（8）若不幸而过，宁僭无滥。与其失善，宁其利淫。（《左传·襄公二十六年》）

（9）二位公子道：“这个更是姑丈高见。俗语说得好：‘与其出一个斲削元气的进士，不如出一个培养阴骘的通儒。’这个是得紧。”（《儒林外史》八回）

例（8）、例（9）中，“其”的指代功能发生了进一步弱化，已没有明确的指代，“与”也发生了进一步的虚化，在语义上具有了一定的关联功能，“与其”在此两例中已凝结成一个连词。同时，“与其”与“宁”“不如”组配使用、共同标记取舍复句关系。

可见，在连词“与其”词汇化的过程中，例（4’）、例（5）所展示的情况为词汇化的初始阶段，例（6）、例（7）为中间阶段，例（8）、例（9）则为最后阶段。不同阶段的“与其”在词汇化程度的高低上呈现如下序列，即

例（4’）、例（5）<例（6）、例（7）<例（8）、例（9）（“<”读为“词化度低于”）

就词内成分而言，首先，对于连词“与”而言，它实际上遵循了这样一个虚化路径，即“动词 →介词→ 连词”。《说文·勺部》指出，“与，赐予也，一勺为与。”① “与”的意义最初由“赐予”引申为“赞同”或“随同”，后来进一步引申出表“伴随状态”的意义，最后引申为

① 参见许慎著，臧克和等校（2002）。

分句间具有关联作用的逻辑义，这种引申方式体现了一般的隐喻原则，即由具体到抽象的原则。同时，“与”的虚化也符合一般语法化中的主观性表现。[①] 其次，对于“其”来说，伴随着“与其”词汇化的进程，它的指代功能逐渐弱化甚至散失，最终虚化成为无实在意义的后附性词内成分。

就词汇化的过程而论，“与其”的词汇化经历了一个很复杂的再分析（reanalysis）的过程，“与其”其实是由一个跨层结构词汇化而来。“与”原本为动词，它所支配的对象是主谓结构的“其+VP”，“其”与“VP”处于同一层次；后来“与”虚化为介词，但它介引的对象仍是主谓结构的“其+VP”，“其”与“VP”仍处于一个层次；再后来当“与”进一步虚化为连词时，原有的句法结构被打破了，这使得原本不在同一层次上的“与”同“其”组合到了一起，连词“与其”最终产生。连词“与其”这种结构再分析的过程可图示为：

与+（其+VP）→（与+其）→与其

二　关联标记“与其”词汇化的动因

前文表明，连词“与其”的词汇化历经两个过程，即“与+（其+VP）”结构由“动宾结构”发展为“介宾结构”的过程和连词“与其”从介宾结构“与+（其+VP）”中产生的过程。我们发现，促发这两个过程得以实现的主要动因有“与”的虚化、“其”指代功能的弱化以及韵律、语用频率等因素。

首先，谈谈“与”的虚化。在“与+（其+VP）”结构从“动宾”发展为“介宾”的过程中，“与”经历了一个由动词到介词的虚化过程，句法位置的改变促发了这一虚化过程的实现。解惠全（1987）指出，主语、谓语、宾语、定语的位置一般不能发生虚化，而状语和补语的位置最容易发生虚化。“与”原本为动词，处于谓语中心的位置，是句子的核心所在，因此难以虚化。不过，当“与”处在状语位置后，它不再是句子的核心，因此虚化对它来说将在所难免。石毓智（1995）也曾论述过此

① Traugott（1995）指出，语法化中的主观性表现在相互联系的多个方面，即由命题功能转变为言谈功能；由客观意义转变为主观意义；由非认识情态转变为认识情态；由非句子主语转变为句子主语；由句子主语转变为言者主语；由自由形式转变为黏着形式。

问题，他指出，“受时间一维性的制约，如果同一个句子中包含多个发生在同一时间位置的动词，只有一个动词可以具有与指示时间信息有关的句法特征。这个动词称作主要动词，其余的为次要动词。结果那些引进与动作行为密切相关事物的动词用作次要动词的频率极高，最后退化掉了一般动词的与指示时间信息有关的句法特征，从动词分化出来而成为一个独立的词类—介词”。可见，“与+（其+VP）”结构原先处于谓语中心的位置，是句子表意的核心，“与”表达实在的动词意义，“与+（其+VP）”结构为“动宾”关系，如例（4'）、例（5）；当“与+（其+VP）”结构处于状语位置后，“与”逐渐失去了与指示时间信息有关的句法特点，最终虚化为表“伴随方式”意义的介词，“与+（其+VP）”结构为“介宾”关系，如例（6）、例（7）。不过，上述句法位置的改变，只是导致了“与”词性的变化，而对于“其”而言，它仍然保持代词的词性功能，具有明确的指代。

在“与其”从介宾结构“与+（其+VP）”产生的过程中，句法位置的改变同样对“与”的虚化产生了重要影响。我们发现，在古代汉语中，“与”通常使用于“与+其+VP”的句式之中，该句式的特点是前面主语出现了省略，在此称之为“零主语句式”。如：

（10）安于曰：“与其害于民，宁我独死，请以我说。”赵孟不可。（《左传·定公十三年》）

（11）罪疑惟轻，功疑惟重；与其杀不辜，宁失不经；好生之德，洽于民心，兹用不犯于有司。（《尚书·大禹谟》）

还有一小部分的“与”用于“主语+与+其+VP”的句式之中。如：

（12）秦王之计曰：“魏不与我约，必攻我。我与其处而待之见攻，不如先伐之。”（《战国策·秦五》）

另外，像“与+其+主语+VP”的句式，在古汉语的语料调查中尚未发现。我们对先秦至清代的14部文献进行了考察，“与”所出现的句法位置统计如表1-1所示：（“¢主语”表零主语）

表 1-1　古代文献中“与”的句法位置统计表

句型＼文献	左传	庄子	论语	战国策	史记	汉书	说苑	三国志	柳宗元集	新五代史	苏轼文集	近思录	红楼梦	镜花缘
¢ 主语+与+其+ VP	5	2	3	1	3	2	2	1	2	1	10	1	1	3
主语+与+其+ VP	0	0	3	1	0	0	0	0	0	0	0	0	1	0
与+其+主语+ VP	0	0	0	0	0	0	0	0	0	0	0	0	0	0

上表说明，“与”通常显现于零主语句的句首位置，它后面的“其+VP”虽被取消了独立性（“其”指代“主语+之”），但此结构毕竟是一个完整的主谓结构体，因此，在“与+（其+ VP）”句式中，“与”实际上处于两个分句的关联部位。董秀芳（2002）认为，“由于在古代汉语中主语常因在前文出现过而被省略，这样动词前的句法位置从表层形式上看有时就是分句句首的位置，而这正是句子层次上连词出现的典型位置。”解惠全（1987）认为，有些实词虚化是在两个句子成分之间或复句的两个分句之间实现的。可见，由于“与”所通常出现的零主语句的句首位置符合董、解二氏所提到的位置，因此它发生虚化是理所当然的事情。具体地讲，“与+（其+ VP）”句式所关联的取舍关系义原本是由两个分句所负载的一种句间关联义，不过，由于“与”事实上处在了分句的句首位置，因此分句间的这种取舍关联义就逐渐附着于“与”和它所关联的别的“关联词语”之上，在语用频率的作用下，“与”也就逐渐具有了这种关联义，它的词性也由介词变为了连词。从功能的角度看，“与”原先是介词具有介引“其+VP”的功能，虚化为连词后，它具有了关联“其+VP”分句和另一分句的功能。总之，零主语句的句首位置为“与”由介词虚化为连词创造了重要的外部环境。

董秀芳（2002）还认为，“句子间连词出现的典型位置是句首”。按此观点，在“与其”句式中，只有“其”后可以出现主语，“与其”才算真正词汇化为连词。上表统计显示，在古汉语中，“与其”几乎没有处于主语之前的用例，现代汉语的情况又是什么样子呢？为弄清此问题，我们考察了北京大学中国语言学研究中心现代汉语语料库并发现，在现代汉语中，“与其”处于零主语句句首位置的情况仍然占主流，处于主语和谓语之间的情况次之，而“与其”处于主语之前的情况很少。从此考察的结果中，至少可得出以下两点：

第一，古今汉语的事实说明，连词“与其”之中的“其”尚残留一定的指代功能，这就是“与其”之后较难出现主语的原因。具体讲，在“与+其+ VP”的句式中，由于“其”还残留一定的指代功能，“其+VP”还有能被分析为主谓结构的可能，因此，为避免主语出现重复，“其”后一般不能再有主语出现。

第二，在现代汉语中，极少数“与其”之后可以出现主语的情况表明，在连词“与其”内部，作为词内成分的“其”，有些虚化得较为彻底、指代功能非常弱化，已变成为一个类似词缀的后附性成分。如：

(13) 面对这种局面，桥本来一个与其你提不信任案，不如我先解散国会，或许能闯出个新局面。

(14) 与其自己死后让她们听天由命，还不如趁现在自己还有一口气安排好她们。

例（13）、例（14）中的“你”和“自己”分别作为主语，位于所在句子“与其”的后面。

由上可知，“与其”在古、今汉语中的句法分布并无明显的变化，虽然现代汉语中的“与其”有少数可以出现在主语之前，但数量很少对“与其”词汇化不会产生全局性的影响。可见，零主语句的句首位置才是“与其”词汇化的关键，正是“与其”大量使用于零主语句的句首位置才使其最终词汇化为连词。

其次，谈谈“其”指代功能的弱化。前文已谈到，“其”其实指代一个结构，即“主语+之”。由于“之”只是一个结构性的语法成分，所以影响“其”指代弱化的关键是“主语+之”结构中的“主语”。我们知道，代词“其”与“主语+之”结构中的“主语”同指，因此，“其”指代的弱化实际上指的是“其”指称的弱化。提及代词的指称涉及一个关键概念——可及性（accessibility）。许余龙（2002）指出，“可及性是一个认知心理语言学概念，是指人们在语篇产生和理解过程中，从大脑记忆系统中提取某个语言或记忆单位的便捷或难易程度。指称词语表达的可及性是名词短语表达的一种篇章语义属性，是说话者在需要指称某一实体时，通过采用某个指称词语，向听话者所表达的这个指称对象在语篇表征中的可及程度。而听话者则可以根据指称词语表达的指称对象的可及性，在自己大脑储存的语篇表征中找出那个指称对象，从而语篇回指得以确认”。Ariel（1990）则指出，代词属于高可及性标示语。按照以上理论，代词“其”作为高可及性标示语，它所指称的人或事物很容易被大脑识别，因此，“其”的指代功能较强，一般不易弱化。然而，在“与其”词汇化的过程中，“其”却发生了弱化，同时“其”还降格成为“与其”的词内成分。这究竟是什么原因造成？根据 Ariel（1990）的研究，语篇实体在大脑记忆系统里的可及性，主要是由四个因素决定的。这四个因素中有两个能用来解释“其”指称弱化的问题。这两个因素为：一是显著性，即作为先行语的指称词语在句子和语篇中的显著性；二是间隔距离，即先行语与回指语在语篇中的间隔距离。具体情况表现为：

一是作为“其”的先行语在句子和语篇中的显著性不高。这种情况实际上指，在具体的句子和语篇中，“其”作为回指语与它的先行语之间的“回指”关系难以确认。由于这个原因，随着此种用法的增多，“其”的可及性将会降低，它的指称功能也相应弱化。如：

（15）子曰：“奢则不孙，俭则固。与其不孙也，宁固。”（《论语·述而》）

（16）王孙贾问曰：“与其媚于奥，宁媚于灶，何谓也?”子曰：“不然！获罪于天，无所祷也。”（《论语·八佾》）

（17）泉涸，鱼相与处于陆，相呴以湿，相濡以沫，不如相忘于江湖。与其誉尧而非桀也，不如两忘而化其道。夫大块载我以形，劳我以生，佚我以老，息我以死，故善吾生者，乃所以善吾死也。（《庄子·内篇·大宗师》）

（18）老莱子曰：“夫不忍一世之伤而骜万世之患，抑固窭邪，亡其略弗及邪？惠以欢为骜，终身之丑，中民之行进焉耳，相引以名，相结以隐。与其誉尧而非桀，不如两忘而闭其所誉。反无非伤也，动无非邪也。圣人踌躇以兴事，以每成功。奈何哉其载焉终矜尔?”（《庄子·杂篇·外物》）

例（15），作为回指语的“其”，它的先行语可能是前文“奢则不孙”中的“奢”，也可能是指某个人，“其”先行语的确认存在难度，

“其”与先行语之间的“回指”关系自然难以确认。其他几例中的“其”与先行语之间的“回指”关系也同样难以确认，分析暂略。

二是作为回指语的“其”与先行语的距离较远，这也造成了“其”的可及性降低，指称功能也相应弱化。如：

(19) ①赵使人谓魏王曰：“为我杀范痤，吾请献七十里之地。”魏王曰：“诺。”②使吏捕之，围而未杀。③痤因上屋骑危，谓使者曰：“与其以死痤市，不如以生痤市。有如痤死，赵不与王地，则王奈何？故不若与定割地，然后杀痤。”魏王曰：“善。”（《说苑·善说》）

(20) ①易曰：“王臣蹇蹇，匪躬之故。”人臣之所以蹇蹇为难，而谏其君者非为身也，将欲以匡君之过，矫君之失也。君有过失者，危亡之萌也；见君之过失而不谏，是轻君之危亡也。夫轻君之危亡者，忠臣不忍为也。三谏而不用则去，不去则身亡；身亡者，仁人之所不为也。②是故谏有五：一曰正谏，二曰降谏，三曰忠谏，四曰戆谏，五曰讽谏。孔子曰：“吾其从讽谏乎。”③夫不谏则危君，固谏则危身；与其危君、宁危身；危身而终不用，则谏亦无功矣。智者度君权时，调其缓急而处其宜，上不敢危君，下不以危身，故在国而国不危，在身而身不殆……（《说苑·正谏》）

例（19）、例（20），有三个语义层次，回指语“其”处于第三层，而它回指的先行语“魏王”“人臣”均处于第一层，回指语与先行语之间相隔一个层次。回指语与先行语之间相隔一定的距离，客观上疏远了二者间的同指关系，这将会导致回指语“其”指称功能发生弱化。

上述“其”指称功能弱化的事实还说明，“与其”词汇化的实现在某种意义上是以牺牲“其”的指称功能为代价的。“与其”词汇化的事实证明，伴随着词汇化的进程，“其”的指称功能逐步弱化，最终“其”虚化为类似词缀的形式附着于“与”，并同“与”最终凝结成为一个取舍标记词。从语言类型学的角度讲，“其”的这种从实词虚化最后变为词内成分的过程，与印欧语向屈折词缀方向发展的语法化路径相似，同时“其”的这种虚化轨迹也基本符合 Hopper & Traugott（1993）所提及的“语法化斜坡”，即实义词>语法词>附着词>屈折词缀>（零形式）。因此，词内成分“其”的虚化轨迹具有语言的共性。

最后，谈谈韵律和语用频率。就韵律因素而言，冯胜利（1997）指出，韵律词至少是一个音步，而汉语最基本的音步是两个音节。“与其”组合属于双音节结构，这正好符合了汉语韵律构词的要求。冯胜利（2000）还指出，“音步”分为“自然音步”和“非自然音步”。“自然音步”一般为双音节的音步，它的实现不受句法、词汇、语意等方面的限制。同时，“自然音步”的实现方向只能是由左向右，即“右向音步”。“与其”常处于零主语句句首的位置，符合“自然音步”自左向右的实现方向。连词“与其”是一种跨句法的组合，这种组合打破了已有句法的限制，可见，“与其”凝结成词是“自然音步”实现不受句法限制的具体表现。就语用频率而论，连词“与其”词汇化的过程不是一朝一夕就完成了的，这期间经历了一个较长期的历史过程。如“与”的虚化经历了由动词到介词再到连词的漫长演化过程。在“与其”词汇化的进程中，语用频率同样起了至关重要的作用。

第二节　“与其”句式的历时考察

前文已有介绍，早在先秦汉语阶段，“与其”就开始用作连词了。从先秦开始，“与其”所标记的句式系统经历了一个很长的发展演变过程，在这个过程当中，“与其”所组配的关联词语经历了几次大规模的调整，这些调整对现代汉语“与其”句式的最终形成产生了很大的影响。具体来说，“与其”句式系统主要经历了以下五个发展时期，即先秦、汉魏、唐宋、元明清和现当代。

一　先秦时期

本时期，“与其”主要与“宁”和“不如”组配。如：

（1）其御曰：“殿而在列，其为无勇乎？”罗曰：“与其素厉，宁为无勇。”（《左传·定公十二年》）

（2）是以带甲万人事君也，无乃即伤君王之所爱乎？与其杀是人也，宁其得此国也，其孰利乎？（《国语·越语上》）

（3）处浊世而显荣兮，非余心之所乐。与其无义而有名兮，宁

穷处而守高。(《楚辞·九辩》)

(4) 赏过则惧及淫人,刑慢则惧及君子。与其不幸而过,宁过而赏淫人,毋过而刑君子。(《吕氏春秋·开春论》)

(5) 宣王曰:“善。”仲尼曰:“与其使民谄下也,宁使民谄上。”(《韩非子·外储说左下》)

(6) 夫是,故民皆勉为善。与其为善于乡也,不如为善于里;与其为善于里也,不如为善于家。(《国语·齐语》)

(7) 与其勤而不入,不如逃之。君得其欲,太子远死,且有令名为吴太伯,不亦可乎?(《国语·晋语一》)

(8) 且夫宋,中国膏腴之地,邻民之所处也,与其得百里于燕,不如得十里于宋。(《战国策·燕二》)

少数的“与其”还与“无宁”“不若”和“岂若”等组配。如:

(9) 吾谁欺?欺天乎!且予与其死于臣之手也,无宁死于二三子之手乎!(《论语·子罕》)

(10) 身故不肖,力不足以适二主。其势不俱适,与其死夫人所者,不若赐死君前。(《韩非子·奸劫弑臣》)

(11) 赏不欲僭,刑不欲滥。赏僭则利及小人,刑滥则害及君子。若不幸而过,宁僭无滥;与其害善,不若利淫。(《荀子·致士》)

(12) 今天下暗,周德衰矣。与其并乎周以漫吾身也,不若避之以洁吾行。(《吕氏春秋·季冬纪》)

(13) 且而与其从辟人之士也,岂若从辟世之士哉?(《论语·微子》)

此外,在先秦汉语中,“与其”还有一种“倒装”的用法,即“与其”所引导的分句常常后置。如:[①]

(14) 不如逃之,无使罪至。为吴大伯,不亦可乎?犹有令名,

① 例(14)、例(15)、例(16)均出自何乐士(2004)。

与其及也。(《左传·闵公元年》)

(15) 人谓叔向曰:“子离于罪，其为不知乎?”叔向曰:“与其死亡若何?”(《左传·襄公二十一年》)

(16) 孝而安民，子其图之，与其危身以速罪也。(《左传·闵公二年》)

本节共考察了《国语》《尚书》《左传》《吕氏春秋》《战国策》《韩非子》《庄子》《论语》《荀子》和《楚辞》10部文献，“与其”与其他关联词语的组配情况列表统计如下表1-2所示：

表1-2　　先秦阶段“与其”与其他关联词语组配情况表

	与其……宁	与其……不如	与其……无宁	与其……不若	与其……岂若
国语	1	2	0	0	0
尚书	1	0	0	0	0
左传	4	1	0	0	0
吕氏春秋	1	0	0	1	0
战国策	0	2	0	1	0
韩非子	1	0	0	1	0
庄子	0	2	0	0	0
论语	3	0	1	0	1
荀子	0	0	0	1	0
楚辞	1	0	0	0	0
合计	12	7	1	4	1

由上表可知，在先秦汉语中，“与其”与“宁”组配的情况最多，有12例；其次是“不如”，有7例；再次是“不若”，有4例；而与“无宁”“岂若”组配的情况最少，各为1例。在使用频率方面，“与其”的几种组配方式形成以下由高到低的序列：

与其……宁>与其……不如>与其……不若>与其……无宁/与其……岂若

除上述情况外，“与其”有时后面省略“其”，而只用“与”同其他关联词语组配。如：

(17) 膕对曰:“夫膕前为慕势,王前为趋士;与使膕为趋势,不如使王为趋士。”(《战国策·齐四》)

(18) 与余以狂疾赏也,不如亡!(《国语·晋语九》)

(19) 妇人见之,请于父母,曰:“‘与为人妻宁为夫子妾’者,十数而未止也。”(《庄子·内篇·德充符》)

(20) 与杀吾父逐吾主母者,宁佯踬而覆之。(《战国策·燕一》)

(21) 与我处畎亩之中,由是以乐尧、舜之道,吾岂若使是君为尧、舜之君哉?吾岂若使是民为尧、舜之民哉?吾岂若于吾身亲见之哉?(《孟子·万章上》)

例(17)、例(18)为“与”同“不如”组配的情况;例(19)、例(20)为“与”同“宁”组配的情况;例(21)为“与”同“岂若”组配的情况。

为弥补语料调查之不足,本节全面调查了北京大学中国语言学研究中心CCL语料库,结果发现,“与”单独同其他关联词语配合使用的情况在先秦时期使用较多,汉魏时期也有使用,到唐宋以后用法则很少。据此推测,“与”这种用法的减少可能与南北朝之后汉语“双音化”类推的大背景有关。由于“与”为单音节,自然不符合汉语词汇发展双音化的历史潮流,因此最终被“与其”取代不可避免。

二 汉魏时期

本时期,“与其”主要与“宁”和“不如”组配,少数与“不若”等组配使用。如:

(22) 与其杀不辜,宁失有罪。今之狱吏,上下相驱,以刻为明,深者获功名……(《汉书·刑法志》)

(23) 如或邂逅,亏损非小,与其获罪,琮宁以身受之,不敢徼功以负国也。(《三国志·吴书·全琮》)

(24) 与其以奉醳卫,不如以魏醳卫,卫之德魏必终无穷。(《史记·魏世家》)

(25) 今又劫之以兵为君将,是助桀为暴也。与其生而无义,固不如烹!(《史记·田单列传》)

（26）突受太子之诏，今事终矣，与其久生乱世也，不若死而报太子。（《说苑·立节》）

本节共考察了《史记》《汉书》《后汉书》《新书》《说苑》《汉乐府诗集》《世说新语》《洛阳伽蓝记》《搜神记》《三国志》《水经注》和《陶渊明集》12 部文献，“与其”与其他关联词语的组配情况如下表 1-3 所示：

表 1-3　　汉魏阶段“与其”与其他关联词语组配情况表

	与其……宁	与其……不如	与其……不若
史记	0	3	0
汉书	2	0	0
后汉书	0	0	0
新书	0	0	0
说苑	1	0	1
汉乐府诗集	0	0	0
世说新语	0	0	0
洛阳伽蓝记	0	0	0
搜神记	0	0	0
三国志	1	0	0
水经注	0	0	0
陶渊明集	0	0	0
合计	4	3	1

由上表可知，与先秦阶段比较，“与其”仍然主要与“宁”“不如”组配，但“与其”与“宁”组配的频率大为减少，同时“与其……宁”与“与其……不如”的使用频率变得十分接近，二者语用频率由先秦时期的 12∶7 变为汉魏时期的 4∶3。

三　唐宋时期

本时期，“与其”主要与“不若”“孰若”和“曷若”等组配，少数与“何如”等组配使用。如：

（27）与其宠禄厥躬，不若尊大其祖。上以报贻谋之德，下以励

移孝之诚。(《苏轼文集·制敕·韩维三代妻》)

(28) 与其强颜忍耻，干求于众人；不若归命投诚，控告于君父。(《苏轼文集·表状·乞常州居住表》)

(29) 与其非外而是内，不若内外之两忘也；两忘则澄然无事矣；无事则定，定则明，明则尚何应物之为累哉？(《近思录·道体》)

(30) 处乎山林而群麋鹿，虽不足以为中道，然与其食人之禄，俯首而包羞，孰若无愧于心，放身而自得？吾得二人焉，曰郑遨、张荐明。(《新五代史·一行传》)

(31) 与其杀是僮，孰若卖之；与其卖而分，孰若吾得专焉。(《柳宗元集·童区寄传》)

(32) 与其轻去轩冕，独善其身；孰若优游庙堂，兼享其乐。益敦此义，勿复有云。(《苏轼文集·内制诏敕·赐宰相吕公著上第二表乞致仕不许断来章批答二首》)

(33) 与其自请捍边，已癣疥之疾；曷若尽瘁事国，干心膂之忧。(《苏轼文集·内制诏敕·赐试户部尚书李常乞沿边一州不允诏》)

(34) 与其平时耗于不急之用，曷若留贮以待乏绝之供？(《苏轼文集·奏议·谏买浙灯状》)

(35) 惠花已领，影灯未尝见，与其见此，何如一阅《三国志》耶？(《苏轼文集·牍卖·与吴君采二首》)

本节共考察了《坛经》《祖堂集》《游仙窟》《金刚经》《柳宗元集》《开元天宝逸事》《唐诗三百首》《太平广记》《新五代史》《宋词三百首》《苏轼文集》《容斋随笔》和《近思录》13 部文献，“与其”与其他关联词语的组配情况如下表 1-4 所示：

表 1-4　　唐宋阶段“与其”与其他关联词语组配情况表

	与其……不若	与其……孰若	与其……曷若	与其……何如
坛经	0	0	0	0
祖堂集	0	0	0	0
游仙窟	0	0	0	0

续表

	与其……不若	与其……孰若	与其……曷若	与其……何如
金刚经	0	0	0	0
柳宗元集	0	2	0	0
开元天宝逸事	0	0	0	0
唐诗三百首	0	0	0	0
太平广记	0	0	0	0
新五代史	0	1	0	0
宋词三百首	0	0	0	0
苏轼文集	6	1	3	1
容斋随笔	0	0	0	0
近思录	1	0	0	0
合计	7	4	3	1

由上表可知，与以往的情况相比，在唐宋时期，“与其”较少与“宁”“不如”组配，在本节所考察的13部文献中尚未发现这些用例。此外，出现了一些新的组配方式，如“与其……不若”“与其……孰若”“与其……曷若”和“与其……何如”，同时这些组配方式的使用频率，按由高到低的顺序可排序为：

与其……不若>与其……孰若>与其……曷若>与其……何如

四　元明清时期

本时期，“与其”主要与“莫若”组配，少数同“不如”“何不”“宁可”等组配使用。如：

(36) 与其奔驰辛苦，莫若在家课读，倒觉自在。况命中不能发达，也强求不来的。(《镜花缘》七回)

(37) 与其令杨氏出世报仇，又结来生不了之案，莫若令一天魔下界，搅乱唐室，任其自兴自灭，以彰报施。(《镜花缘》三回)

(38) 据老夫愚见，与其此时同到海外，莫若日后回来，唐兄再将小姐带回家乡，岂不更便？(《镜花缘》十回)

(39) 内中有嗟叹的，也有羡慕的，又有一等半瓶醋的读书人，

说是“丧礼与其奢易莫若俭戚”的，一路纷纷议论不一。(《红楼梦》六四回)

(40) 子平道：“与其如此，何不买个洋灯，岂不省事呢？”(《老残游记》十回)

(41) 与其作了官，倘或命运不好，犯了事坏家败产，那时倒不好了。宁可咱们家出一位佛爷，倒是老爷太太的积德，所以才投到咱们家来。(《红楼梦》一二〇回)

本节共考察了《大宋宣和逸事》《武林旧事》《西厢记》《关汉卿杂剧选》《白朴杂剧选》《马致远杂剧选》《郑光祖杂剧选》《三国演义》《金瓶梅》《水浒传》《喻世明言》《初刻拍案惊奇》《红楼梦》《镜花缘》《儒林外史》和《老残游记》16 部文献，“与其”与其他关联词语的组配情况如表 1-5 所示：

表 1-5　元明清阶段“与其”与其他关联词语组配情况表

	与其……莫若	与其……不如	与其……何不	与其……宁可
大宋宣和逸事	0	0	0	0
武林旧事	0	0	0	0
西厢记	0	0	0	0
关汉卿杂剧选	0	0	0	0
白朴杂剧选	0	0	0	0
马致远杂剧选	0	0	0	0
郑光祖杂剧选	0	0	0	0
三国演义	0	0	0	0
金瓶梅	0	0	0	0
水浒传	0	0	0	0
喻世明言	0	0	0	0
初刻拍案惊奇	0	0	0	0
红楼梦	1	0	0	1
镜花缘	3	0	0	0
儒林外史	0	1	0	0
老残游记	0	0	1	0
合计	4	1	1	1

由上表可知，与以往的情况相比，在元明清时期，“与其”仍然很少与“宁”组配，在本节所考察的16部文献中尚未发现此用例。此外，出现了一些新的组配方式，如“与其……莫若”“与其……何不”“与其……宁可”等。另外，“与其”与“不如”组配情况比唐宋时期有所增加，结合现代汉语，我们可以推测这种组配方式正在不断的增加。下面将表中的调查结果按使用频率由高到低排序为：

与其……莫若>与其……不如/与其……何不/与其……宁可

为弥补语料调查之不足，我们调查了北京大学中国语言学研究中心CCL语料库，结果发现在明清时期少数“与其”与“何不”“宁可”“毋宁”“无宁”“还是”等组配，这种组配方式一直延续到现代汉语阶段。不过，在明清时期，“毋宁”“何不”“宁可”与“与其”组配的频率比“还是”“无宁”要稍高些，这些组配方式按使用频率的高低大致排序为：

与其……毋宁/与其……宁可/与其……何不>与其……还是/与其……无宁

五　现当代

进入现当代阶段，汉语发生了翻天覆地的变化，在“与其”的组配方式方面同样经历了一次大的调整。我们对北京大学中国语言学研究中心现代汉语语料库中的相关语料作了统计分析，发现“与其”主要与“不如”组配，这种组配方式具有压倒性优势，同时“不如”前常常带一些具有强调性语气的词语如“真”“倒”“还”等。如：

(42) 尤斯吉安托罗在3月31日的会议上表示，与其在最坏的情况发生后再仓促反应，不如尽早发出信号以取得最好效果。

(43) 对世界尚处空白的孩子来说，如果单单为了丰富他们的文化艺术教养，与其强使他们学点似懂非懂的西洋音乐，真不如让他们在学点民族传统艺术的同时……

(44) 人总是要死的，现在不放，最后还是要放下。与其最后舍不得放而不得不放，做个守财鬼，倒不如聪明些当下一切放下，做个超脱生死的道人了。

(45) 鉴于此，与其不断地在改变规则上下功夫，还不如与中国乒协合作，携手推动……

此外，“与其”与“不如”组配时后面常带表示主观认识义的词语——“说”。如：

(46) 接下来，他的发言与其说是来“很好的学习”，不如说是来做这项改革的专题报告。

(47) 在英语中体意义与其说是语法的，不如说是词汇化的……

(48) “有点儿”是表小量的，可是在下面带语气助词“了”的句子里，与其说是表示量变，不如说是表示质变……

(49) 因此，在一定意义上，与其说是买商品，不如说是买牌子。

特别指出，一些“与其说”还与“毋宁说”“莫如说”等组配。如：

(50) 一条原理而是一场奇观，不是一堂课而是一种渗透。戏剧宣扬的目的与其说是灌入你的头脑，毋宁说是渗入你的感官而激起想象……

(51) 在一个民族的自身发展进程中，最困难的与其说是超越他人，毋宁说是超越自我。

(52) 与其说大连万达队欲速而不达，莫如说各队都到了“拼命”的时候。

(53) 战争的审美观照一变而为伦理意识支配下的审美观照，此种情形下，与其说在欣赏战争，莫如说在肯定和赞美道德。

除上述组配方式外，在现代汉语中，少数的“与其”还与“宁可”“宁愿”“毋宁”“无宁”“勿宁”“还是”“莫如”“何如”“何不”和“为什么”等组配。如：

(54) 罗严塔尔应该是那种与其高喊冤枉、祈求皇帝饶命，宁可选择挺身一战的男子。

(55) 与其叫我听一个男人发誓说他爱我，我宁愿听我的狗向着一只乌鸦叫。

(56) 这位将军决定大胆行动，与其征服德军的优势力量，毋宁避开它。

(57) 九一八这类事，与其诉诸国联，诉诸英美，无宁诉诸非洲澳洲那些野蛮人，诉诸高丽、台湾……

(58) 与其让民工自发、盲目地到外地打工，勿宁由政府出面将其组织为有秩序……

(59) 与其知道得不明不白，还是糊里糊涂受人家欺弄的好。

(60) 与其写文章呼吁，莫如自己动手写，为老百姓写部电视剧。

(61) 人们渐次懂得，厚葬的奢靡，实是一种愚昧，与其把钱花在死后修坟，何如用于生前的赡养。

(62) 对于今天崇尚个性化的小姐女士们，与其床头贴幅明星照，何不放上自己独具魅力的玉照呢？

(63) 我就和宿舍里的几个哥们儿商量：与其加入一个社团，为什么不自己创设一个社团？

特别提示，在现代汉语中，“与其”与“宁肯”“宁”组配的情况较少，在本节所调查的语料中仅发现几个用例。如：

(64) 与其瞻前顾后，犹豫不决，拿自己的生命孤注一掷，谁不宁肯截掉　只手……

(65) 我说句真心话，与其害病，吃药，贴膏药，灌肠，请医生，搞到身体一天不如一天，躺在一张破床上慢悠悠地死去，我宁肯在肚子上挨一炮弹！

(66) 我看达夫的使命依然是做个文艺作家，与其为俗吏式的事务所纠缠，宁应随时随地去丰富自己的作家的生命。

综上所述，从“与其”句式系统的历时演变中可以总结出以下几点认识：

第一，关于“与其（说）……不如（说）”句式。众所周知，“与其（说）……不如（说）”句式是现代汉语“与其”句式最主流的形式，但该句式在历时发展过程中起伏较大。具体来说，在先秦、汉魏时期，“与其”主要与“宁”“不如”组配，“与其……不如”句式的使用频率仅次于“与其……宁”句式。但从汉魏开始一直到明清时期，由于“不若”“孰若”“曷若”“莫若”“莫如”和“何如”等与“与其”组配的迅速增加，使得“不如”与“与其”组配的机会大大减少，“与其……不如”句式的使用频率也大幅下降。一直到近代以后，随着“孰若”“曷若”“岂若”“不若”“莫若”与“与其”组配的减少，“不如”与“与其”的组配频率又重回高位，同时“不如”和“与其”后面常带有“说”字，至此，“与其（说）……不如（说）”句式最终成为“与其”句式的主要表现形式。

第二，关于“与其……宁”句式。前文已说过，在先秦、汉魏时期“与其……宁”句式的使用频率最高，但汉魏以后其使用频率迅速下降，该句式逐渐淡出人们使用的视野。下面把本节所调查到的各个时期的“与其”句式总量与“与其……宁”句式总量，统计列表如表1-6所示：

表1-6 历代“与其”句式与“与其……宁”句式数量比较表

时期 句式	先秦	汉魏	唐宋	元明清
“与其……宁”	12	4	0	0
“与其”	25	8	15	7

上表清晰地显示，汉魏以后“与其……宁”句式使用频率迅速降低的确是一个历史事实。这一事实主要因为：首先，众所周知汉语在审美上一向追求“对称”与“和谐”，特别是汉魏以后，随着汉语词汇“双音化”趋势的发展，在词汇方面追求“双音化”、在语法方面追求“对称”“和谐”逐渐成为潮流。“与其……宁”句式为“双音节（与其）+单音节（宁）”的结构，这一结构与汉语词汇和语法上的追求不相适应，也不符合汉语发展的历时潮流。于是到汉魏之后，随着“不若”“孰若”“曷若”“何如”与“与其”组配使用的增加，“宁”与“与其”的组配逐渐减少，至此，“与其”所组配的对象基本上由双音词语来充当，“与其”句式的结构模式基本上变成了“双音节（与其）+双音节（不若、孰若等）”的结构，这种调整符合汉语的审美要求，也顺应了汉语发展的前进方向。其次，“与其……宁”句式之所以逐渐淡出历史舞台，这与“与其”“宁”两者语用意义的不同有关。王灿龙（2003）指出，“宁可”的语用功能与“与其”的语用要求不相吻合，两者无法衔接在一起。由

于“宁可”的语用功能与“宁”大致相当，因此王氏的观点也可用于解释“与其”与“宁”组配减少的问题。

第三，关于与“与其”组配的双音节词语。前文谈到，在“与其”句式系统的发展过程中，“与其”曾与“不如”“不若”“无宁”“岂若”“孰若”“曷若”“莫若”“何如”“何不”“宁可”“毋宁”“勿宁”“宁愿”“宁肯”“莫如”和“还是”等双音节词语组配，但在句式系统的调整过程中，一部分双音节词语逐渐退出交际的舞台，如“孰若”“曷若”“岂若”“不若”和“莫若”等，到现代汉语阶段，这些词语使用受到很大限制，一般不再使用。而像“不如”“无宁”“何如”“何不”“宁可”“毋宁”“勿宁”“宁愿”“宁肯”“莫如”和“还是”等双音节词语在现代汉语中仍在少量使用，同时它们都可作为“与其”的组配对象。当然，在这些众多的与“与其”组配的双音节词语中，“不如”的使用频率占绝对优势，是其他同类组配对象无法比拟的，“不如”也因此成为“与其”最主要的双音节组配对象。

第三节　“与其 p，不如 q”句式的主观化

在古代汉语中，连词“与其”曾与“宁”“不如”“不若”“孰若”“曷若”“莫若”“莫如”“何如”等组配，共同标记取舍句式。到现代汉语阶段，随着该类句式系统的调整与演变，连词“与其”除在少数情况下与“宁可”“宁愿”“毋宁”“无宁”“勿宁”“还是”“莫如”“何如”“何不”“为什么”等组配外，大多数的“与其”常与“不如”组配一起标记取舍句式，[①] 同时，“与其”和“不如”后面常带“说”字，“与其（说）p，不如（说）q”句式成为“与其”句式的主要表达形式。

沈家煊（2001）指出，“主观性”（subjectivity）是指语言的这样一种特性，即在话语中多多少少总是含有说话人“自我”的表现成分。也就是说，说话人在说出一段话的同时表明自己对这段话的立场、态度和感情，从而在话语中留下自我的印记。“主观化”（subjectivisation）则是指

① 在考察北京大学 CCL 语料库后，我们发现，在表取舍关系的“与其”句式总量中，“与其（说）”与“不如（说）”的组配大致为 70%，“与其”与“宁可”等别的词语组配的比例大致为 30%。

语言为表现这种主观性而采用相应的结构形式或经历相应的演变过程。基于以上认识，研究发现，现代汉语中的“与其说 p，不如说 q”句式是“与其 p，不如 q”句式主观化的结果，这一主观化是一次长期的历时发展过程。本节就这一主观化的过程进行探讨，以期对深入了解“与其（说）p，不如（说）q”句式的来龙去脉有所裨益。

沈家煊（2001）曾谈到，主观性和主观化主要与说话人的视角（perspective）、说话人的情感（affect）和说话人的认识（epistemic modality）相关。“视角”就是说话人对客观情状的观察角度，或是对客观情状加以叙说的出发点。“情感”一词应作宽泛的理解，包括感情、情绪、意向、态度等。而“认识”主要跟情态动词和情态副词有关，此外，一些连词也有客观描述和主观认识之别。说话人的“视角”“情感”“认识”三者之间缺乏明确的界限，不易截然分开。就“与其 p，不如 q”句式主观化的特点来看，说话人视角的调整贡献最大，其次是说话人的情感和认识。

一 “与其 p，不如 q”句式与说话人的视角

就语言表达的视角而言，一般有两种方式：一是说话人视角（speaker-oriented），就是指从说话人的角度去直接表达说话人的立场、态度和情感等主观认识。二是当事人视角（agent-oriented），就是指从句子所关涉的当事人的角度去客观地关照动作或状态发生的情况。①

研究表明，随着古今汉语的发展演变，“与其 p，不如 q”句式的表达视角发生了较大的调整，原先基于“当事人视角”，后来逐渐向基于“说话人视角”的表达转变，最终“说话人视角”的表达占压倒性优势。这一视角的调整，成为助推“与其 p，不如 q”句式主观化的主要动力，同时也是“与其说 p，不如说 q”这种强主观性句式形成的主要动因。

（一）基于“当事人视角”的表达

在古汉语阶段，“与其 p，不如 q”句式在表达方面基本上基于“当事人视角”。具体又可细分为两种类型：一是该句式处于当事人言说的语言环境当中，这种语用模式可表示为：“当事人+言说动词+……+与其 p，不如 q+……”；二是该句式处于当事人主观认识的语言环境当中，这种语

① 此处“说话人视角”和“当事人视角”的定义引自王灿龙《“非 VP 不可”句式中“不可”的隐现—兼谈“非”的虚化》（《中国语文》2008 年第 2 期）。

用模式可表示为：“当事人+主观认识动词+……+与其 p，不如 q+……”。

其一，“当事人+言说动词+……+与其 p，不如 q+……”模式

从先秦一直到宋代，“与其 p，不如 q”句式一般处于某人的话语片断之中，其语用模式可表示为：“当事人+曰+……+与其 p，不如 q+……”如：

（1）管仲曰：“不可。百姓病，公先与百姓，而藏其兵。与其厚于兵，不如厚于人。齐国之社稷未定，公未始于人而始于兵，外不亲于诸侯，内不亲于民。”（《管子·匡君大匡》）

（2）建谓昭度曰：“相公兴数万之众，讨贼未效，饷运交不相属。近闻迁洛以来，藩镇相噬，朝廷姑息不暇，与其劳师以事蛮方，不如从而赦之，且以兵威靖中原，是国之本也。”（《旧五代史》卷一三六）

（3）帝曰：“果尔，甚善。闻河北小军垒当起夫五千，计合境之丁，仅及此数，一夫至用钱八缗。故欧阳修尝谓开河如放火，不开如失火，与其劳人，不如勿开。”（《宋史》卷九二）

例（1）、例（2）和例（3）中，“管仲”“建”和“帝”为所在句子的“当事人”。“曰”为“说”的意思，表达当事人的某种言说行为。

明代以后，以上语用模式中的言说动词除仍用“曰”外，一个更为常用的言说动词“道”大量涌现，其语用模式可表示为：“当事人+道+……+与其 p，不如 q+……”；晚清至民国时期，除继续使用“曰”“道”外，言说动词“说”开始出现，其语用模式可表示为：“当事人+说+……+与其 p，不如 q+……”如：

（4）马如飞又怪周礼道：“你这人究竟年纪还轻，不肯处处积德，就如才将这银子，要是我老拙做主，便不同他较量，与其撒在地下化为无用，倒不如交情了他，让他买两升米了。”（《续济公传》一八六回）

（5）岑禄道：“可不是么？我们费了多少心血，好容易才将这宝贝弄到手，与其替他们做一回开路神，不如我们自己去受用吧。”（《汉代宫廷艳史》一一〇回）

(6) 当举事的一天，瑾太妃坚执不从，她说："与其看清室灭族，不如自己先死，免得无颜去见先帝。"(《清代宫廷艳史》一三一回)

例(4)和例(5)中，"马如飞"和"岑禄"为所在句子的"当事人"。"道"为"说"的意思，表达当事人的某种言说行为。例(6)中，"瑾太妃"为所在句子的"当事人"。"说"表达当事人的某种言说行为，与现代汉语中的"说"字无异。

其二，"当事人+主观认识动词+……+与其p，不如q+……"模式

明清以来，"与其p，不如q"句式除处于"当事人+言说动词+……+与其p，不如q+……"模式外，还常处于"当事人+主观认识动词+……+与其p，不如q+……"模式当中。如：

(7) 小老儿细想与其冻饿而死，倒不如投河一死，万事皆休，也可落得个干干净净。(《三侠剑》一回)

(8) 公子高沉思数日，忽得一策。心想："必须如此如此，与其伏诛，不如自尽。"(《秦朝野史》十回)

(9) 黄文汉向春子说道："舍间的房屋虽不宽敞，然有两间空着的房间。我的意思，与其去住那贤愚混杂的旅馆，不如委屈些儿，就在舍下住一晌的便当。"(《留东外史》四三章)

(10) 福祥见事不妙，心下一想："与其坐以待毙，不如屈膝投降，我瞧那刘六麻子，也不过是个土匪出籍。"(《西太后艳史演义》十八回)

例(7)—例(10)中，"小老儿""公子高""黄文汉"和"福祥"为所在句子的"当事人"。"想""意思"是表达当事人某种主观认识的动词。

从"主观性"的定义看，基于"说话人视角"的表达主观性强烈，而基于"当事人视角"的表达体现出客观性的特点。另外，由以上用例可知，在整个古汉语阶段，"与其p，不如q"句式基本属于基于"当事人视角"的表达，因此，在古汉语中，该类句式属于客观性的表达模式，与主观性几乎无关。

(二)基于"说话人视角"的表达

在现代汉语中，"与其p，不如q"句式的表达有少数情况基于"当

事人视角”，而多数情况下，该类句式的表达主要基于“说话人视角”。据考察，在现代汉语中，“与其 p，不如 q”句式基于“说话人视角”的表达约占 80%以上，而基于“当事人视角”的表达则在 20%以下。[①] 以下是基于“当事人视角”的例子，如：

（11）次日凌晨胡秋原醒来后，他认为与其愤怒抗争，不如积蓄力量出狱后去揭露帝国主义及其走狗的暴行，于是他又开始构思他的檄文，过着度日如年的铁窗生活。

（12）她看机关墙壁灰蒙蒙的，便请书法家帮助布置。后来觉得与其花钱请人，不如自己动手，就开始练国画。

（13）工厂经理严肃地说：“与其让职工整日受苦受累，不如早点改革让他们从中受益。”

例（11）和例（12）中，“胡秋原”和“她”为所在句子的“当事人”。“认为”“觉得”表达当事人的某种主观认识。例（13）中，“工厂经理”为“当事人”。“说”直接表达当事人的言说行为。

以下是基于“说话人视角”的例子，如：

（14）你我淡漠已三载，看来我不是一个好妻子，可我又无法改变我自己。我想，与其你我相互羁绊，不如各各还其自由。

（15）对于天下三分之二的受苦人，我是这么想的：与其大呼小叫说要去解放他们、让人家苦等，倒不如一声不吭。

（16）我与其跟他去那个没有人烟的地方，还不如到大城市去拼搏去求生……

例（14）—例（16），从表达的视角看，都是从说话人的角度去表达的。“与其 p，不如 q”句式的表达主体均为说话人，句中第一人称代词“我”指的是说话人自己。这种基于“说话人视角”的表达模式，由于直接表达说话人的立场、观点和态度等主观认识，因此具有较为强烈的主观性特征。如例（14）表达的是说话人“我”的一种主观认识，即“与其

① 此处的数据统计来源于北京大学 CCL 语料库。

你我相互羁绊，不如各各还其自由”。其他两例可依据例（14）类推分析。

由上可见，“与其 p，不如 q”句式在古今汉语中最为突出的表现是：该句式表达视角发生了根本性改变，即在古汉语阶段，该句式的表达基本上基于“当事人视角”，而到了现代汉语阶段，该句式的表达除少数情况基于“当事人视角”外，多数基于“说话人视角”。

需要指出，随着“与其 p，不如 q”句式主观化进程的不断推进，一种主观性表达更为强烈的句式出现了，即“与其说 p，不如说 q”的句式出现并大量涌入语言交际社会。据考察，“与其说 p，不如说 q”句式已成为“与其”句式的重要代表，占该类句式总量的 50%左右。此外，“与其说 p，不如说 q”句式的表达基本上基于“说话人视角”，约占 97%以上，只有极少数基于“当事人视角”，约占 3%。①

邢福义（2001）指出，“与其说 p，不如说 q”句式相当于“与其那么说，不如这么说”，该句式通过“说”字的前后复用摆出形成对立的两个说法，它的前项与后项在语义关系上和在组织构造上都有一些不同于基本的“与其 p，不如 q”句式的地方。可见，“与其说 p，不如说 q”句式中的“说”字已经不是表“言说义”的行为动词“说”，“说”的语义已被“漂白”，并朝话语标记转变，最终成为标记说话人“说法”“看法”或“态度”等的类似后缀的成分。如：

（17）我默默离开教室，我在独自走去时，曹丽放肆的笑声总是追踪着我。刚才的情景与其说让我悲哀，不如说是让我震惊。

（18）但是我觉得，她们不具真名，与其说是为了佛教信仰，不如说是要隐瞒自己家族的姓氏，不使遥远的族人因自己而招腥惹臭。

（19）我现在的分析也未必是准确的。这里写的与其说是一篇评介，倒不如说是一篇漫感吧。

从例（17）—例（19）的表达来看，各例表达的视角不但完全置换于说话人的位置，而且具有话语标记功能。“说”字的添加客观上更加强化了说话人的主观色彩，使得该句式成为独具说话人强烈主观性色彩的一

① 此处的数据统计也来源于北京大学 CCL 语料库。

种新兴表达模式。

董秀芳（2003）指出，语言演变是在语言使用中发生的，因而说写者在语言演变中的作用相对听读者来说更为显著。语义变化中大量的主观化现象就是一个有力的证据：主观化就是一种围绕说写者的变化，这一变化使意义从表达客观对象变为表达说话者对命题的观点、态度等。“说”显然是与言语活动的发出者直接相关的，因而与“说”有关的表达很多都发生了主观化的语义变化。可见，“与其说 p，不如说 q”句式的出现和大量应用是“与其 p，不如 q”句式主观化的结果，而“说”字可以看成是这一主观化的重要标记。

由上可见，“与其 p，不如 q”句式在古今汉语中表达视角的转变是助推该类句式主观化进程的主要动力。换句话说，正是由于古今汉语在表达该类句式时说话人的视角发生了转变，才促发这一句式主观化得以顺利推进。

二　“与其 p，不如 q”句式与说话人的情感

前文讨论了“与其 p，不如 q”句式表达视角的转变，这一转变是一次关键性的“主观化”过程。除表达视角外，明清以降，在“与其 p，不如 q”句式中，“不如”前常加“倒”“还”等评注性副词，[①] 同时取舍项“p”“q”后常加表主观态度的评说成分，这两大因素主要与说话人的情感有关，二者在客观上也助推了“与其 p，不如 q”句式主观化的进程。

（一）“不如”前加“倒”“还”等评注性副词

明清以来，在不少文献中，我们经常看到在“与其 p，不如 q”句式中，“不如”前常加“倒”“还”等评注性副词。这些副词按照邢福义（2001）的观点，其功能主要是借以加强某种意思或某种语气。如：

（20）飞鹏冷笑道：“侄儿的品行，比尤魁、谷大恩，也端正不了许多。与其教亲戚骗了，还不如教朋友骗了，还可气些。”（《绿野仙踪》四一回）

---

① 类似的评注性副词还有“就”“真”等。“评注性副词”的提法采用了张谊生（2000）《现代汉语副词研究》中的分类法。

（21）他认为，与其让学生学那些将来工作中并不用的书本知识，倒不如让他们多到社会去实践锻炼。

例（20）和例（21）中，“与其p，不如q”句式由于在表达上基于当事人视角，因此即使添加了评注性副词“还”“倒”，但并不影响整个句式表达客观性的现实，故此类用法不属于我们关注的范围。前文已有介绍，由于现代汉语中基于说话人视角的表达是“与其p，不如q”句式的主流，所以我们更为关注的是“不如”前添加“倒”“还”等评注性副词后，该类句式的主观性是如何强化的？如：

（22）我们看到苏杭一下子转过身来拦住这个丰满的女同学，他当时的脸色与其说是恼怒还不如说是兴奋，他终于获得了一个表现自己勇敢的机会。

（23）我们还没把人民劝明白，已经被捉了去。与其那么牺牲，还不如咱们照着老方法去干。

（24）金枝固执地生了这个没爹的孩儿，与其说是往金一趟眼里揉沙子，倒不如说也给杨妈添了块心病。

邢福义（2001）指出，“不如”前边经常用“还”，强调q尽管只是低标准的，但还是比p要好。“不如”前边还常用“倒”，强调q对p的逆反否定。副词“倒”“还”等属于评注性副词，其功能主要借以加强某种意思或某种语气。此处副词“倒”“还”等所体现的功能实际上与说话人的情感密切相关，因为说话人要想表达某种情感往往通过加强某种意思或语气来实现。例（22）—例（24）中，“与其p，不如q”句式的表达均基于“说话人视角”，副词“倒”“还”的添加，使得该句式的主观性得到一定程度的加强，客观上成为助推该句式主观化进程的一种力量。

（二）取舍项“p”“q”后加表主观态度的评说成分

明清以降，在“与其p，不如q”句式中，取舍项“p”“q”后常出现表主观态度的评说成分。邢福义（2001）指出，p后的评说成分表达“贬义”色彩；而q后的评说成分则表达“褒义”的色彩。此外，q后的评说成分又分为两类：一类直接粘在“q”的后面叫简单断语；另一类以分句或句子的身份出现在“q”的后面叫理据语句。如：

（25）那女子见说，痛苦道：“修道人最重仁义，小女子也为看重名节，遭此患难，法遇若不相救，小女子左右不过一死。与其死在恶人手里，倒不如死于法师面前好得多了。”（《八仙得道》二一回）

（26）林之洋道：“国王既实意送来，想来九公也实意要收的。与其学那俗态，半推半就，耽搁功夫；不如从实收了，倒也爽快。”（《镜花缘》三十回）

（27）邓榕同志形象地比喻说：“这本书有如我的儿女，与其把儿女托付大户人家却未受重视，不如交给小户人家却备受疼爱。”

例（25）和例（27）中，“q”后加线的评说成分属于简单断语，例（26）中，“q”后加线的评说成分属于理据语句。在以上3例中，“p”后加线的评说成分表“贬义”色彩，而“q”后加线的评说成分表“褒义”色彩。以上“与其p，不如q”句式由于在表达上基于当事人视角，因此即使添加了主观评说成分，但并不影响整个句式表达客观性的现实，故此类用法也不属于我们关注的范围。我们更为关注的是：在基于说话人视角的表达中，“与其p，不如q”句式添加主观评说成分后，该类句式的主观性是如何强化的？如：

（28）毫无精神，叫我听了只是心烦，那简直就如同老祖父硬逼我念古书一般。我与其听这营营声，还不如到外边的篱笆上听一片枯叶的歌子更好些。

（29）蓝小山换了一副玳瑁边的赭色眼镜，因为蓝眼镜好像不吉祥似的。别的事，与其说我们不知道，还不如说我们不明白蓝小山的玄妙，较为妥当。

（30）我至此，紧张烦扰的心，益发豁然开朗了。口里非意识地念着昔年读过的“放鹤亭中一杯酒，楚山水鳞鳞”的诗句，与其说是清醒了悟，还不如说是沉醉忘形，更来得恰当些吧。

以上3例均属于基于说话人视角的表达模式，例（28）中，“q”后的评说成分属于简单断语；例（29）和例（30）中，“q”后的评说成分属于理据语句。邢福义（2001）指出，p、q之后的评说成分表达的是说话人的看法或态度。更为重要的是，这些评说成分还能表达“褒贬”色彩，很明显，这里的“褒贬”色彩义表达的就是说话人的某种情感，因此，在例（28）—例（30）中，这种评说成分的加入客观上也助推了“与其 p，不如 q”句式主观化的进程。

三 “与其 p，不如 q”句式与说话人的认识

前文已有交代，说话人的认识有时与连词相关，有客观描述和主观认识之别。刘嵚（2008）指出，语言的功能不仅仅是客观地表达命题的思想，还要表达交际主体的观点、感情和态度。在交际过程中，说话人要达到这一目的，不仅需要借助表达实际意义和客观描述的词语，同时还会添加自己的主观识解，将自己说话的目的和动机同时传达给交际对方。研究发现，“与其 p，不如 q”句式从古代发展到现代，在表达上经历了一个由客观描述到主观认识的渐变过程。如：

（31）士出语人曰：“太子不得立矣。改其制而不患其难，轻其任而不忧其危，君有异心，又焉得立？行之克也，将以害之；若其不克，其因以罪之。虽克与否，无以避罪。与其勤而不入，不如逃之。”（《国语·晋语一》）

（32）于冰道：“我本闲云野鹤，足迹应遍天下，与其住在老弟家，就不如住在我家了。”（《绿野仙踪》九回）

（33）何武不知孔光之意，他又突然说道：“与其另地筑宫，多费国币，不如人居北宫为便。”（《西汉野史》一七五回）

（34）我也明白过来，他要是和黑李慢慢地商量，必定要费许多动感情的话，要讲许多弟兄间的情义，即使他不讲，黑李总要讲的。与其这样，还不如吵，省得拖泥带水；他要一刀两断，各自奔前程。

（35）与其说是因害羞，不如说是因发怒，梦莲的脸一直红到了耳根，她咽了一大口吐沫。

例（31）—例（33）中，“与其 p，不如 q”句式的表达均基于“当事人视角”，在表达上都属于客观描述。虽然例（32）和例（33）中加入评注性副词“就”和主观评说成分“为便”，但这些词语的加入只与相关的当事人有关，而与说话人的认识、情感等主观态度均无关系。例（34）和例（35）中，“与其 p，不如 q”句式的表达均基于“说话人视角”，在

表达上均表达说话人的某种主观认识或态度。例（34）中加入评注性副词“还”和主观评说成分“拖泥带水”，使得“与其 p，不如 q”句式所表达的主观性有所增强。特别是，例（35）中，“说”字的加入，使得该类句式的主观性变得更为强烈。

以上“与其 p，不如 q”句式在表达说话人的认识方面，经历了一个由客观描述到主观认识的过程。这一过程正好符合 Traugott（1995）所说的语法化中的主观化的几种表现：即由命题功能变为言谈功能，由客观意义变为主观意义，由非认识情态变为认识情态……可见，“与其 p，不如 q”句式主观化的过程实际上也是其语法化的过程，这一过程的主要表现就是该句式随着历史的发展，主观性逐渐增强，到了现代汉语阶段，该类句式的表达绝大多数基于“说话人视角”，表达较为强烈的主观性，这一点尤其对“与其说 p，不如说 q”句式来说体现更加明显。

前文说过，说话人的视角、情感和认识很难截然分开。就“与其 p，不如 q”句式来说，说话人视角的调整和说话人的认识其实是一个问题的两个方面。从视角的变换来看，古今汉语中的“与其 p，不如 q”句式总体上经历了由“当事人视角”向“说话人视角”的转换，而从说话人认识的角度看，该类句式在表达上经历了一个由客观描述到主观认识的转变过程。

四　结语

以上研究显示，“与其 p，不如 q”句式从古至今经历了一次较为长期的主观化过程。这一主观化过程的关键决定力量来自于说话人视角的调整，说话人的情感因素是助推这一主观化过程的次要力量，而说话人的认识实际上与说话人视角的调整同属一个问题。

既然说话人视角的调整对“与其 p，不如 q”句式主观化的贡献最大，那么是什么原因导致说话人视角发生转变的呢？研究发现，这主要与古今汉语表达的方式有关。古代文献包括文言和古代白话，说写者在表达时往往客观描述、采用纪实的笔法，如文学作品中主人公常采用第三人称叙述；而现代汉语，包括书面语和口语，说写者在表达时，往往强调与听读者的互动，在互动中追求最佳的表达效果，如文学作品中主人公常采用第一人称“我（我们）”表述，采用这种表达方式可拉近交际双方的心理距离，口语直接面对面交流互动性则更为明显。李秀明（2011）指出，文言（包括古代白话）属于“高语境语言”，表达时以作者为中心，作者言随意遣，以作者的知识背景和语言能力为基准言说，而不是按照读者的接受能力来表达，也无须对读者参与设计话语，也不与读者进行协商。而现代汉语属于“低语境语言”，表达时以读者为中心，作者在表达时充分考虑到读者的知识背景和语言处理能力，使自己的表达尽可能容易被接受，在话语中经常呼吁读者的参与，与读者进行协商。

可见，古今汉语表达上的这一普遍规律无疑制约着“与其 p，不如 q”句式的表达，使得该类句式表达视角发生了根本性的转变，也使得该类句式主观化得以顺利推进。

第二章

取舍复句关联标记“宁可”的历时研究

第一节 “宁可”的词汇化

在现代汉语中，“宁可”一般用作副词，主要用来标记取舍句式。作为取舍标记词的“宁可”其实是由“宁”和“可”词汇化而来的。纵观“宁可”的词汇化历程，我们发现，“宁可”的词汇化开始于两汉、魏晋、南北朝时期，不过当时由于“宁可”刚开始出现，所以使用频率较低，以后经过隋唐、两宋，一直到元、明、清时期“宁可”才被普遍使用，“宁可”也从此成为汉语取舍句式的重要标记之一。[①] 既然“宁可”是“宁”和“可”凝结、词汇化而来的，那么在这一词汇化过程中间到底蕴含着怎样的机制？

一 “宁”和“可”凝结成词的语义及句法基础

在古汉语中，“宁”原本是一个表主观意愿的词语，《说文》认为，“宁，愿词也”。[②] 人们有了主观的愿望，就会根据一定的意愿去做相应的取舍，于是“宁”就生发出标记“取舍句”的用法。如：[③]

(1) 若绝君好，宁归死焉。(《左传·宣公十七年》)

① 关于“宁可”词汇化的具体过程参见本章第五节——“宁可”句式的历时演变，这里不加详述。

② 参见藏克和、王平校订（2002）。

③ 本章语料均来自北京大学中国语言学研究中心 CCL 语料库，其中古汉语语料标注出处，现代汉语语料不作标注。

(2) 必报仇，吾宁事齐楚。(《国语·晋语三》)

(3) 巨伯曰："友人有疾，不忍委之，宁以我身代友人命。"(《世说新语·德行》)

例 (1)、例 (2)、例 (3) 中的"宁"相当于现代汉语中的"宁愿""宁可"。以上 3 例中的"宁"属于独用的情况，"宁"只引出"选定项"，而"舍弃项"一般已经包含在一定的语境之中了。此外，"宁"还常与表否定的词语"不"等以及表疑问的词语"安"等组配使用。如：

(4) 臣宁负王，不敢负社稷。(《汉书·霍光传》)

(5) 我宁为国家鬼，不为贼将也。(《三国志·魏书·庞惪》)

(6) 我宁三日不食，不能一日不猎。(《资治通鉴·唐纪·武德二年》)

(7) 宁作江淮之鬼，不为金国之臣。(《齐东野语·李全》)

(8) 大丈夫宁为忠鬼，安能作叛臣乎！(《周书·李贤传》)

"可"本来也是一个愿词。《说文》认为，"可，肯也。"段玉裁注："可、肯双声。"《说文通训定声》："可、肯、堪，一声之转。《后汉书·皇甫规传》注：'可，犹宜也。'""可"本义为"肯"，有"许可""同意""合宜"等意思。又声转为"堪"，有"能"的意思。[①] 在句法上，表达主观意愿意义的"可"一般用作助动词，少数用作副词，同时此类"可"一般用于动词之前（状语）的位置。如：

(9) 求也为之，比及三年，可使足民。(《论语·先进》)

(10) 形固可使如槁木，而心固可使如死灰乎？(《庄子·内篇·齐物论》)

(11) 臣头可得，玺不可得也。(《汉书·霍光传》)

(12) 黄金可成，而河决可塞，不死之药可得，仙人可致也。(《史记·封禅书》)

① 参见中国社会科学院语言研究所古汉语研究室（2002）《古代汉语虚词词典》。

以上例子中的“可”为助动词的用法。下面再举“可”用作副词的例子。如：

(13) 及平长，可娶妻，富人莫肯与者。(《史记·陈丞相世家》)

(14) 冶容不足咏，春游良可叹！(《陆机集·日出东南隅行》)

(15) 可痛哭者，此病是也。(《汉书·贾谊传》)

由上可知，“宁”与“可”同属表主观意愿的词语，二者在意义上有接近之处，这就为二者凝结成词奠定了意义基础。此外，二者的句法位置也基本一致，即“宁”与“可”一般都位于动词之前（状语）的位置。相同的句法位置也是“宁可”词汇化的关键，因为只有具备这个条件，“宁”与“可”才有可能在线性顺序上相连。

董秀芳（2002）在“距离相似原则”的基础上指出，“两个并列项在语义上相似的并列短语比并列项在意义上相对或相反的一类更容易成词。”就“宁可”的词汇化而言，当“宁”与“可”同处于动词之前（状语）的位置时，二者在客观上构成了同义并列短语，随着语用频率的增高，词汇化的发生不可避免。

二　“宁”和“可”凝结成词的韵律、语频因素

石毓智（2001）指出，五至十二世纪是双音化趋势发展的最为关键的时期。冯胜利（2000）认为，汉语中的双音节音步的形成有一个历史过程，它的建立大约在汉代。从上述两位先生对“双音化”发展期的推断，可以看出两汉、魏晋、南北朝时期的确是“双音化”发展的关键期。从“宁可”词汇化的历程来看，它的词汇化也正好开始于这些时期，这说明“宁可”的词汇化符合时代要求，是大势所趋。当然，“宁可”若要词汇化还需符合一些韵律成词的条件。

第一，冯胜利（1997）认为，汉语韵律词至少是一个音步，同时最基本的音步是两个音节。由于“宁”和“可”组成的短语内部只有两个并列项，因此二者所组成的短语符合韵律成词的形式条件。

第二，冯胜利（2000）认为，“音步”分为“自然音步”与“非自然音步”。同时，“自然音步”的实现方向只能是由左向右，即“右向音

步”。由于“宁可”经常处于分句的句首位置，所以符合自然音步“由左向右”的实现方向，“宁可”最终粘合成词顺乎自然。

除以上韵律因素之外，语用频率恐怕也是“宁可”成词的一个关键因素。邹韶华（2001）指出，语用频率效应是指因词语及句式在语用中出现次数的多寡而对语言的意义、结构等产生的不同影响。作为取舍标记词的“宁可”从产生到有限使用再到高频使用，期间经历了一个较长的历史过程，在这一过程中“高频使用”对“宁可”的固化以及该词的词汇地位都产生了很大的影响。

三 “宁”和“可”凝结成词的具体方式

在符合以上诸多词汇化的条件之后，在具体词汇化的方式上，“宁可”的词汇化是以词内成分“可”的“语义磨损”为条件。“可”的“语义磨损”与“可”“宁”的语法功能密切相关。从例（1）—例（15）中可知，“宁”和“可”均用于动词之前（状语）的位置，二者都对后面的动词起修饰限制的作用，然而，“可”只对后面的动词起修饰限制的作用，在语法功能上具有“单一性”。而“宁”除了修饰限制动词之外，还起关联两个取舍分句的作用，在语法功能上具有“双重性”。如：

（16）明白可明白了，我宁可输了都使得，实在不能跟着你……（《儿女英雄传》三三回）

（17）再偶然一个抓不着，他便高飘远举，宁可老死空山，再不飞回来重受那鹰师的喂养。（《儿女英雄传》十六回）

（18）我安骥宁可负了姑娘作个无义人，绝不敢背了父母作个不孝子！（《儿女英雄传》九回）

例（16）、例（17）、例（18）中的“可”只修饰限制后面的动词，即“输了”“老死”“负了”；而“宁”除了修饰限制以上动词之外，还起关联取舍分句—“宁可”分句和另一个分句的作用。

在语法功能上，由于“宁”具有“双重性”而“可”只具有“单一性”，所以“宁”比“可”更为重要。在“宁”和“可”融合的过程中，语法功能相对不重要的“可”更易受损并向相对重要的“宁”靠拢，融合的结局是，“可”在语义受到很大磨损的前提下，它最终与“宁”凝结为一体，成为一个取舍标记词。

当然，“宁可”的结合不只以牺牲“可”的语义自足为前提，伴随着“宁可”结合成词的进程，词内成分“可”也逐渐发生了“虚化”。解惠全（1987）认为，状语和补语的位置容易虚化。他还认为，实词的虚化是以句法地位的固定为途径的。在古汉语中，“可”原本主要用作助动词，少数用作副词，在句法功能上除了用于动词之前（状语）的位置外，还能用于别的句法位置。但在“可”与“宁”融合的过程中，由于“可”经常用于动词之前（状语）的位置，所以它的句法位置开始固定化，这就为其虚化奠定了基础，它发生虚化将在所难免。随着语用频率的增高，“可”的虚化程度会越来越高，最后虚化成一个类似词缀的后附性成分。

沈家煊（1994）认为语法化的各种表现形式可以排列成一个等级，语法化程度越高就越倾向采用形尾和零形式：

词汇形式（>副词）>介词>词缀/形尾>零形式

周刚（2002）认为，从南北朝开始助动词“可”逐渐虚化，到唐五代转变为一个构词成分，作为后缀与“宁”粘合为一个连词。这说明唐五代以后“可”的虚化程度已经较高。

不过，“可”的虚化程度虽然较高，但其虚化过程并未彻底完成。“可”虚化未彻底的一个有力证据是，“可”在“宁可”中仍然残存少量语义。试仔细体会以下一组例子的语义差异。如：

（19）第一天上班的时候，宁可穿得过于正式，也不要穿得过于随便。

（20）第一天上班的时候，宁愿穿得过于正式，也不要穿得过于随便。

（21）第一天上班的时候，宁肯穿得过于正式，也不要穿得过于随便。

例（19）、例（20）、例（21）之间的细微差异还是能察觉到的，这说明在“宁可”“宁愿”“宁肯”三个近义词中，“可”“愿”“肯”三者的语义并未完全磨损，它们仍残留少许语义。

第二节 “宁可”句式的历时考察

古今汉语的事实表明，“宁可”“宁愿”“宁肯”和“宁”所标记的取舍句虽有细微差异但用法基本一致。考察发现，“宁可”句式系统的发展，大致经历以下几个时期：第一，先秦时期，在这个阶段“宁可”“宁愿”和“宁肯”尚未产生，标记“宁可”句式的任务完全由“宁”来承担。第二，两汉、魏晋、南北朝时期，在这个阶段“宁可”句式基本上仍由“宁”来标记，不过“宁”与“可”“愿”“肯”开始结合成词并能标记“宁可”句式。第三，隋唐、两宋时期，在这个阶段“宁可”“宁愿”和“宁肯”的使用频率虽有所提高，但仍远低于“宁”，标记“宁可”句式的任务主要还由“宁”来承担。第四，元、明、清时期，在这个阶段，“宁可”的使用频率迅速提升，并取代了“宁”的优势地位，不过，“宁愿”和“宁肯”的使用仍然十分有限。第五，现当代，在这个阶段“宁可”得到了普遍使用，“宁愿”的使用频率也迅速提升，甚至与“宁可”旗鼓相当，“宁肯”的使用也日趋增多。与此同时，“宁”的使用频率却大幅下降并被“宁可”“宁愿”和“宁肯”所超越。

一 先秦时期

在先秦汉语中，“宁可”句式的标记任务完全由“宁”来完成，“宁可”“宁愿”和“宁肯”还未产生。“宁”常见的用法有四种：

一是“宁”常常与表否定的词语“非”“无”“不”和“蔑”等组配使用，“宁”引出“选定项”（记作“q”），而“非”“无”“不”和“蔑”等表否定的词语引出“舍弃项”（记作“p”），这种句式可简化记为：“宁 q，（非、无、不、蔑等）p。”如：

(1) 无畏！宁尔也，非敌百姓也。(《孟子·尽心下》)

(2) 臣闻鄙语曰：“宁为鸡口，无为牛后。”(《战国策·韩一》)

(3) 臣宁伏受重诛而死，不忍为辱军之将。(《战国策·中山》)

(4) 宁事齐、楚，有亡而已，蔑从晋矣。(《左传·成公十六

年》）

二是“宁”常常与表疑问的词语“安”“何”和“孰”等组配使用，“宁”引出“选定项”（记作“q”），而“安”“何”和“孰”等表疑问的词语引出“舍弃项”（记作“p”），这种句式可简化记为：“宁 q，（安、何、孰等）p。”如：

（5）宁赴湘流，葬於江鱼之腹中。安能以皓皓之白，而蒙世俗之尘埃乎！（《楚辞·渔父》）

（6）宁隐闵而寿考兮，何变易之可为。（《楚辞·九章》）

（7）宁幽隐以远祸兮，孰侵辱之可为。（《楚辞·哀时命》）

三是“宁”与“与其”（“与”）一起来组配，“宁”引出“选定项”（记作“q”），而“与其”（“与”）引出“舍弃项”（记作“p”），这种句式可简化记为：“（与其、与）p，宁 q。”如：

（8）妇人见之，请于父母，曰：“‘与为人妻宁为夫子妾’者，十数而未止也。”（《庄子·内篇·德充符》）

（9）奢则不孙，俭则固。与其不孙也，宁固。（《论语·述而》）

（10）与其无义而有名兮，宁穷处而守高。（《楚辞·九辩》）

四是“宁”单独使用，不与其他词语组配，“宁”引出“选定项”（记作“q”），而该类取舍句式的“舍弃项”（记作“p”）已经包含在一定的语境之中。这种句式可简化记为：“宁 q。”如：

（11）宁浮沅而驰骋兮，下江湘以邅迴。（《楚辞·九叹》）

（12）宁与黄鹄比翼乎？将与鸡鹜争食乎？（《楚辞·卜居》）

（13）宁诛锄草茅，以力耕乎？（《楚辞·卜居》）

本节共考察了《尚书》《左传》《战国策》《庄子》《论语》《孟子》和《楚辞》7 部文献，“宁”的使用情况如表 2-1 所示：

表 2-1 先秦阶段“宁”与其他词语组配情况表

	宁 q，（非、无、不、蔑）p	宁 q，（安、何、孰）p	（与其、与）p，宁 q	宁 q
尚书	1	0	1	0
左传	3	0	5	2
战国策	3	0	1	0
庄子	0	0	1	0
论语	0	0	5	0
孟子	1	0	0	0
楚辞	2	4	1	12
合计	10	4	14	14

由表 2-1 可知，在先秦时期，“（与其、与）p，宁 q”句式、“宁 q”句式、“宁 q，（非、无、不、蔑等）p”句式都是“宁”标取舍句式最常见的形式，而“宁 q，（安、何、孰等）p”句式的使用频率较低。以上几种句式的使用频率按照由高到低的顺序可排列为：

“（与其、与）p，宁 q”句式/“宁 q”句式>“宁 q，（非、无、不、蔑等）p”句式>“宁 q，（安、何、孰等）p”句式

二 汉魏时期

本阶段，“宁可”句式的标记任务基本上还由“宁”来承担，不过，“宁可”“宁愿”和“宁肯”已开始词汇化。“宁”的用法仍然有四种：

一是“宁 q，（无、不、毋等）p”句式。本时期，这种句式的使用频率仍然较高。如：

（14）我宁游戏污渎之中自快，无为有国者所羁，终身不仕，以快吾志焉。（《史记·老子韩非列传》）

（15）故曰“宁爵毋刀”，言其能使豪奴自饶而尽其力。（《史记·货殖列传》）

（16）东方为之语曰：“宁逢赤眉，不逢太师！太师尚可，更始杀我！”（《汉书·王莽传》）

二是“宁 q，（安、何、岂等）p”句式。如：

（17）宁赴常流而葬乎江鱼腹中耳，又安能以皓皓之白而蒙世俗之温蠖乎！（《史记·屈原贾生列传》）

（18）宁使纲漏吞舟，何缘采听风闻，以为察察之政？（《世说新语·规箴》）

（19）宁为大王所怨疾，岂敢忘尊主之威，而令诏敕不行於藩臣邪？（《三国志·吴书·吴主五子》）

三是“（与其、与）p，宁 q”句式。本时期，这种句式的使用频率大大降低。如：

（20）与不幸而过，宁过而赏淫人，无过而刑君子……（《说苑·善说》）

（21）如或邂逅，亏损非小，与其获罪，琮宁以身受之，不敢徼功以负国也。（《三国志·吴书·全琮》）

（22）诛赏之慎焉，故与其杀不辜也，宁失於有罪也。（《新书·大政上》）

四是“宁 q”句式。本时期，这种句式的使用频率依然较高。如：

（23）屈原口：“世皆醉，我独醒；世皆痿，我独清。吾独闻之，新浴者必振衣，新沐者必弹冠。又恶能以其冷冷，更世事之嘿嘿者哉？吾宁投渊而死。”（《新序·节士》）

（24）公曰：“民死，将谁君乎？宁独死耳。”（《新序·节士》）

（25）凶事上右，随前以举，项衡以下，宁速无迟，背项之状如屋之氐。（《新书》卷六）

本节共考察了《史记》《汉书》《新书》《新序》《说苑》《论衡》《汉乐府诗选》《陶渊明集》《洛阳伽蓝记》《水经注》《世说新语》《搜神记》《三国志》和《西京杂记》14 部文献，“宁”的使用情况如表 2-2 所示：

表 2-2　　汉魏阶段“宁”与其他词语组配情况表

	宁 q，（无、不、毋）p	宁 q，（安、何、岂）p	（与其、与）p，宁 q	宁 q
史记	3	1	2	4
汉书	3	1	1	2
新书	1	0	1	1
新序	1	0	0	2
说苑	1	0	2	0
论衡	0	0	0	1
汉乐府诗选	0	0	0	0
陶渊明集	1	0	0	0
洛阳伽蓝记	3	0	0	0
水经注	1	0	0	1
世说新语	1	1	0	2
搜神记	0	0	0	1
三国志	9	1	1	3
西京杂记	1	0	0	0
合计	25	4	7	17

由表 2-2 可知，在两汉、魏晋、南北朝时期，“宁 q，（无、不、毋等）p”句式和“宁 q”句式是“宁”标取舍句式最常见的形式，而“宁 q，（安、何、岂等）p”句式和“（与其、与）p，宁 q”句式的使用频率则较低。以上几种句式的使用频率按照由高到低的顺序可排列为：

“宁 q，（无、不、毋等）p”句式>“宁 q”句式>“（与其、与）p，宁 q”句式>“宁 q，（安、何、岂等）p”句式

需要指出，从汉代开始，“宁”开始与“可”“愿”和“肯”组合成词，也就说，“宁可”“宁愿”和“宁肯”开始成为“宁可”句式的标记词。当然，在这个阶段“宁可”“宁愿”和“宁肯”的词汇化才刚刚开始，因此它们的使用频率都很低，在本节所考察的 14 部文献中，仅仅发现一个这样的用例。如：

（26）使君谢罗敷，宁可共载不？（《汉代乐府诗选·陌上桑》）

另外，汉代以后，“宁可”“宁愿”和“宁肯”有时看似形同，实为两类不同的表述单位。如：

（27）彼在谅闇之中，而所求若此，宁可与言礼哉！（《三国志·吴书·吴主权》）

（28）帝曰：“百姓思雨，宁可得乎？”（《搜神记》卷一）

（29）吾闻江东沃野万里，民富兵强，可以避害，宁肯相随俱至乐土，以观时变乎？（《三国志·吴书·鲁肃》）

例（27）、例（28）、例（29）中的“宁可”和“宁肯”并不是词，而是由表“难道义”的副词“宁”和助动词“可（肯）”组合而成的短语，它们与作为取舍标记词的“宁可”“宁肯”看似形同，其实不同。汉代以后，以上两类“宁可”“宁愿”和“宁肯”经常共现于同一文献中，因此读文言时要加倍区分、以免混同。

三　唐宋时期

本阶段，“宁可”“宁愿”和“宁肯”的使用频率显著增高，但标记该类取舍句的任务仍然主要由“宁”来承担。

首先，对于取舍标记词“宁”来说，它的用法主要有两种：一是“宁 q，（不、未等）p”句式。如：

（30）宁说河不入海，不说如来有二种语；宁说罗汉有三毒，不说如来有二种语。（《祖堂集》卷十一）

（31）古人有言：“宁作心师，不师于心。”（《祖堂集》卷十二）

（32）余宁险滩波以赡佣负，不可利舟楫以安富商。（《太平广记·神仙》）

（33）僧曰：“学人宁待雨霖头，未审师意如何？”（《祖堂集》卷十二）

二是“宁 q”句式。本时期，这种句式的使用频率也很高。如：

（34）无端起知见，著相求菩提，情存一念悟，宁越昔时迷。

（《坛经·机缘品》）

（35）频繁上命，徒想报恩。驰骤下寮，不遑宁处。（《游仙窟》）

（36）如护疾而忌医，宁灭其身而无悟也，噫！（《近思录》卷十二）

（37）宁留而同死，将去而独生。（《太平广记·征应》）

（38）乐生曰："我无罪，宁死；若逃亡，是有罪也。"（《太平广记·冤报》）

此外，在本阶段，"（与其、与）p，宁 q"句式和"宁 q，（安、何、岂等）p"句式的使用频率大大降低，在本节所考察的隋唐、两宋时期的语料中还未发现这两类句式。

本节共考察了《唐诗三百首》《坛经》《游仙窟》《祖堂集》《近思录》《太平广记》《容斋随笔》和《新五代史》8 部文献，"宁"的使用情况如表 2-3 所示：

表 2-3　　唐宋阶段"宁"与其他词语组配情况表

	宁 q，（不、未）p	宁 q，（安、何、岂）p	（与其、与）p，宁 q	宁 q
唐诗三百首	0	0	0	2
坛经	0	0	0	2
游仙窟	0	0	0	2
祖堂集	6	0	0	4
近思录	2	0	0	3
太平广记	6	0	0	25
容斋随笔	1	0	0	0
新五代史	0	0	0	2
合计	15	0	0	40

由上表可知，在隋唐、两宋时期，"宁 q"句式的使用最多，其次为"宁 q，（不、未等）p"句式，而"宁 q，（安、何、岂等）p"句式和"（与其、与）p，宁 q"句式则很少使用。以上几种句式的使用频率按照由高到低的顺序大致可排列为：

"宁 q"句式>"宁 q，（不、未等）p"句式>"宁 q，（安、何、岂

等）p”句式/“（与其、与）p，宁 q”句式

其次，对于“宁可”“宁愿”和“宁肯”的使用而言，本时期这三个标记词的使用频率虽有所提升，但用例仍然很少。在本节所考察的 8 部文献中，只发现“宁可”所标记的取舍句 4 例，同时未发现“宁肯”和“宁愿”所标记的取舍句。如：

（39）师对曰：“宁可永劫沉沦，终不求诸圣出离。”（《祖堂集》卷四）

（40）三乘十二分教是老僧坐具，祖师玄旨是破草鞋，宁可赤脚不著最好。（《祖堂集》卷七）

（41）师云：“宁可清贫长乐，不作浊富多忧。”（《祖堂集》卷十三）

（42）宁可且将朱唇饮酒，谁能逐你黑齿常之。（《太平广记 · 诙谐》）

四　元、明、清时期

本阶段的总体特点是，“宁可”的使用频率得到了迅速提升，并取代了“宁”的优势地位，而“宁愿”和“宁肯”的使用却仍然有限。

首先，对于取舍标记词“宁”来说，其用法有三：一是“宁 q，（不、休、莫等）p”句式。如：

（43）玄德曰：“吾宁死不忍作负义之事。”（《三国演义》四0回）

（44）宁逢虎摘三生路，休遇人前两面刀。（《金瓶梅》四六回）

（45）宁为太平犬，莫作乱离人。（《喻世明言》卷十八）

二是“宁 q，（岂等）p”句式，此种用法比较少见，在本节所涉及的元、明、清时期的语料中仅发现 2 例。如：

（46）德大怒曰：“吾宁死于刀下，岂降汝耶!”（《三国演义》七四回）

(47) 公曰:“吾宁死,岂肯久留于此!”(《三国演义》二六回)

三是“宁 q”句式,此种用法仍较为常见。如:

(48) 欲焚庙掘坟,又恐拂土人之意。宁死为泉下之鬼,力助吾兄战此强魂。(《喻世明言》卷七)

(49) 伏望母亲大人,大发慈悲,优容苦志。永谢为云神女,宁追奔月嫦娥。(《喻世明言》卷三七)

(50) 若如此弟情愿解衣与兄穿了,兄可赍粮去,弟宁死于此。(《喻世明言》卷七)

(51) 奸欺妄欲言生死,宁知受欺正于此?(《初刻拍案惊奇》卷三九)

(52) 给人家为奴作婢,黑汗白流,单只挣了这点种子,我宁只是死,叫他去不成!(《醒世姻缘传》九四回)

此外,像“(与其、与)p,宁 q”句式,在本节所涉及的元、明、清时期的语料中未发现有此用例,这说明在本时期该句式的使用频率比较低。

本节共考察了《关汉卿杂剧选》《郑光祖杂剧选》《白朴杂剧选》《三国演义》《喻世明言》《初刻拍案惊奇》《水浒传》《金瓶梅》《红楼梦》《醒世姻缘传》《儿女英雄传》和《镜花缘》12 部文献,“宁”的使用情况如表 2-4 所示:

表 2-4　　元明清阶段“宁”与其他词语组配情况表

	宁 q,(不、休、莫)p	宁 q,(岂)p	(与其、与)p,宁 q	宁 q
关汉卿杂剧选	0	0	0	1
郑光祖杂剧选	1	0	0	0
白朴杂剧选	0	0	0	1
三国演义	12	2	0	2
喻世明言	4	0	0	6
初刻拍案惊奇	1	0	0	3
水浒传	3	0	0	2

续表

	宁 q，（不、休、莫）p	宁 q，（岂）p	（与其、与）p，宁 q	宁 q
金瓶梅	0	0	0	1
红楼梦	0	0	0	1
醒世姻缘传	2	0	0	2
儿女英雄传	4	0	0	0
镜花缘	1	0	0	0
合计	28	2	0	19

由上表可知，在元、明、清时期，“宁 q，（不、休、莫等）p”句式的使用最多，其次为“宁 q”句式，而“宁 q，（岂等）p”句式和“（与其、与）q，宁 p”句式则很少使用。以上几种句式的使用频率按照由高到低的顺序大致可排列为：

“宁 q，（不、休、莫等）p”句式>“宁 q”句式>“宁 q，（岂等）p”句式>“（与其、与）p，宁 q”句式

其次，对于“宁”“宁可”“宁愿”和“宁肯”的使用情况而言，“宁可”的使用频率迅速提升并超越了“宁”，而“宁愿”和“宁肯”的使用依然有限，在本节所涉及的元、明、清时期的语料中未发现“宁愿”和“宁肯”的用例。

关于“宁可”的用例，主要有以下几类：

第一，“宁可”常与表否定的词语“不”“休”“别”“不肯”“不可”和“不要”等组配，此类句式记作：“宁可 q，（不、休等）p”。如：

（53）百姓们当不起官的比较，宁可忍饥饿死，不敢拖欠官粮。（《醒世姻缘传》九〇回）

（54）俺在江湖上走的多，晓得行情，宁可卖了悔，休要悔了卖。（《金瓶梅》八一回）

（55）常言道：“宁可折本，休要饥损。”（《金瓶梅》六二回）

（56）宁可多些好，别少了，叫那穷小子笑话……（《红楼梦》五一回）

（57）我是宁可失仪，不肯错步！（《儿女英雄传》八回）

（58）这事宁可信其有，不可信其无，天亮咱们且别开船，到船

头看看到底有人来没人来。(《儿女英雄传》二〇回)

(59) 你们要不认得，宁可再到店里柜上问问，千万不要误事!(《儿女英雄传》四回)

第二，有少数的“宁可”还与“也不”“也要”组配，此类句式记作：“宁可 q，(也不、也要) p/a”。[①] 如：

(60) 我宁可终身守寡，也不愿随你这样不义之徒。(《喻世明言》卷二)

(61) 我的没救星儿，心疼杀我了! 宁可我同你一答儿里死了罢，我也不久活在世上了。(《金瓶梅》五九回)

(62) 就到万分极处，井上没有盖子，家中又有麻绳，宁可死了，也不做这不长进的勾当!(《醒世姻缘传》三六回)

(63) 虽说是奋志要强，那工课宁可少些，一则贪多嚼不烂，二则身子也要保重。(《红楼梦》九回)

第三，有少数的“宁可”还与“岂”“安”等表疑问的词语组配，此类句式记作：“宁可 q，(岂、安等) p”。如：

(64) 我宁可自己落不是，岂敢带累你呢。(《红楼梦》四五回)

(65) 忠心如皎月，浩气卷长江。宁可断头死，安能屈膝降。(《三国演义》六三回)

第四，还有相当数量的“宁可”单独使用，而不与其他词语组配，这类“宁可”只引出“选定项”(“q”)，而“舍弃项”(“p”)则被包含在一定的语境之中。此类句式记作：“宁可 q”，其使用频率较高。如：

(66) 遭遭儿有这起攮刀子的，又不知缠到多早晚。我今日不出去，宁可在屋里唱与娘听罢。(《金瓶梅》三二回)

① “宁可”与“也不”组配的格式记作：“宁可 q，也不 p”，而“宁可”与“也要”组配的格式记作：“宁可 q，也要 a。”

（67）娘且是说的好，我家里没人，俺姐姐又被人包住了。宁可拿乐器来，唱个与娘听，娘放了奴去罢。（《金瓶梅》四四回）

（68）慌的敬济说道：“五娘赐我，宁可吃两小钟儿罢。外边铺子里许多人等着要衣裳。”（《金瓶梅》三三回）

（69）你若再还不肯，宁可我照数赔你罢了。（《醒世姻缘传》十七回）

（70）罢，罢！我这饭吃不成，宁可省下来请个先生来家教他！（《醒世姻缘传》三三回）

（71）你可别要说谎。你真个与我那腊嘴，我宁可不要这银子。（《醒世姻缘传》七〇回）

（72）他恐怕又花了，辜负了你的恩，宁可随有随交罢。（《醒世姻缘传》七一回）

（73）休得连累了英雄，不当稳便，宁可把我们却解官请赏。（《水浒传》二回）

另外，在本阶段所调查的12部文献中，未发现有“与其（与）”与“宁可”组配的用例，这说明在本时期该句式的使用频率较低。

在以上12部元、明、清文献中，“宁可”的使用情况如表2-5所示：

表2-5　　　　元明清阶段“宁可”与其他词语组配情况表

	宁可q，（不、休等）p	宁可q，（岂等）p	宁可q，（也不、也要）p/a	宁可q
关汉卿杂剧选	0	0	0	4
郑光祖杂剧选	0	0	0	1
白朴杂剧选	0	0	0	1
三国演义	0	1	0	0
喻世明言	0	1	1	2
初刻拍案惊奇	3	0	0	0
水浒传	3	0	0	2
金瓶梅	6	0	0	11
红楼梦	6	1	1	5
醒世姻缘传	2	1	2	9
儿女英雄传	6	0	0	3
镜花缘	0	0	0	0

续表

	宁可 q，（不、休等）p	宁可 q，（岂等）p	宁可 q，（也不、也要）p/a	宁可 q
合计	26	4	4	38

由上表可知，在元、明、清时期，“宁可 q”句式的使用最多，其次为“宁可 q，（不、休等）p”句式，而“宁可 q，（岂等）p”句式和“宁可 q，（也不、也要）p/a”句式的使用则相对较少。以上几种句式的使用频率按照由高到低的顺序大致可排列为：

“宁可 q”句式>“宁可 q，（不、休等）p”句式>“宁可 q，（岂等）p”句式/“宁可 q，（也不、也要）p/a”句式

五 现当代

到了现当代阶段，“宁可”句式的语用情况发生了更进一步的变化，具体表现在如下几个方面：

第一，“宁可”“宁愿”“宁肯”“宁”的使用频率有了较大调整。前文已有介绍，“宁”从先秦到元、明、清阶段一直是“宁可”句式最主要的标记词，然而到了现当代阶段，这种情况被打破了，“宁”作为取舍标记词使用频率急剧下降，一般在较为特殊的场合使用，[①] 而“宁可”“宁愿”“宁肯”的使用频率却得到了显著提升。

我们对北京大学中国语言学研究中心现代汉语语料库作了调查，发现“宁可”出现的频次约为 1900 条左右，“宁愿”出现的频次约为 2200 条左右，“宁肯”出现的频次约为 600 条左右，而“宁”出现的频次约为 100 条左右。具体情况见表 2-6：

表 2-6 现当代“宁可”“宁愿”“宁肯”“宁”分布情况表

	宁愿	宁可	宁肯	宁	合计
频次	2200	1900	600	100	4800
百分比	45.83%	39.58%	12.5%	2.08%	100%

① 宋晖（2009）认为，“现代汉语中的“宁”常用于新闻标题和标语口号中，具有独特的语用效果”。

由上表可知，近代以后“宁可”“宁愿”和“宁肯”的使用频率迅速提升，它们三者的使用频率均超过了“宁”，“宁”的使用大大减少。此外，在“宁可”“宁愿”和“宁肯”三者内部，“宁愿”的使用频率接近“宁可”，甚至超过了“宁可”，而“宁肯”的使用频率则明显低于“宁可”和“宁愿”。另外，结合古汉语的情况不难看出，随着历史的发展，“宁可”“宁愿”“宁肯”和“宁”四者的使用频率一直发生着变化。具体来说，在元、明、清之前，虽然从两汉开始“宁可”“宁愿”和“宁肯”就开始词汇化了，但它们的使用频率远低于“宁”，尤其是“宁愿”和“宁肯”的使用频率更低。到了元、明、清时期，“宁可”的使用频率迅速提升并超越了“宁”，但此时“宁愿”和“宁肯”的使用频率依然还比较低。到现代汉语阶段，“宁可”“宁愿”“宁肯”三者的使用频率最终都超越了“宁”。“宁可”“宁愿”“宁肯”和“宁”出现频次的历时对比情况见表 2-7（表中数字来自于文中各个时期的调查数据①）：

表 2-7　历代“宁可”“宁愿”“宁肯”“宁”分布情况表

	宁	宁肯	宁愿	宁可
先秦	42	0	0	0
两汉、魏晋、南北朝	53	1	0	2
隋唐、两宋	55	0	0	6
元、明、清	49	0	0	72
现、当代	100	600	2200	1900

第二，“宁可”“宁愿”“宁肯”和“宁”所组配的对象发生了变化。从前文可知，在历史上，与“宁可”“宁愿”“宁肯”“宁”组配的对象比较多，有否定的副词“非”“无”“不”“蔑”“毋”“未”“休”和“莫”等，有疑问词“安”“何”“孰”和“岂”等，有连词“与其”“与”等。而到了现、当代阶段，“宁可”“宁愿”“宁肯”和“宁”的组配对象一般为“也不”“决不”“不”和“也要”等，其他组配情况很少。如：

① 表中数据取自不同规模的语料库，故这些数据只能大致反映“宁可”“宁愿”“宁肯”和“宁”使用频次的对比情况。

(74) 许多部门都说缺少技术人员，但由于抱有种种偏见，这些部门往往是宁可缺人，也不吸收技术移民。

(75) 面对经济复苏之后不断增加的市场需求，企业宁愿延长工时给现有员工提供额外报酬，也不愿意增加雇员。

(76) 作战中，要竭力保护军旗，在任何情况下宁肯牺牲，也不准向敌人降旗。

(77) 面对这样的困难，我们宁可硬着头皮苦干，决不能退缩半步。

(78) 张局长为人正直，一身正气，惩治腐败，宁可得罪他人，决不手软。

(79) 我们宁肯勒紧腰带，决不能在孩子的教育上“精打细算”。

(80) 宁可粗茶淡饭度日，不可贪富轻身。

(81) 宁可种上年绝收的作物，不想种上年丰收的作物。

(82) 朱自清一身重病，宁可饿死，不领美国的“救济粮”。

(83) 霍丘县“坚定的马列主义者”立场更加坚定，宁可孤立，也要将“马列主义红旗”打到底。

(84) 鹿三从来没有光顾过这个龌龊的窑院，宁可多绕两三里路也要避开窑院前头的慢坡道儿。

(85) 组长作出决定，宁可多花些时间和精力，也要把这个项目拿下来。

例（74）、例（75）、例（76）中的组配对象为“也不”；例（77）、例（78）、例（79）中的组配对象为“决不”；例（80）、例（81）、例（82）中的组配对象为“不”；而例（83）、例（84）、例（85）中的组配对象为“也要”。

第三，“宁可 q”句式使用频率依然较高，“宁可 q，也要 a”句式得到普遍推广，而“（与其、与）q，宁可 p”句式的使用频率大幅下降。如：

(86) 与其做猪子而满足，宁可做苏格拉底而不满足，才是他的生活准则。

(87) 人不为己，天诛地灭，何况我这么做又不是害人，与其痛苦地生活下去，我宁愿选择开开心心地过完下半世。

（88）与其瞻前顾后，犹豫不决，拿自己的生命孤注一掷，谁不宁肯截掉一只手……

据我们推测，“（与其、与）q，宁可p”句式使用频率不高的原因主要有二：一是“宁可”句式本身的发展。众所周知，伴随着语言系统的调整，“宁可”句式获得了大的发展，“宁可”与“（也）不”“也要”等双音节组配对象形成了两类较为固定的句式，此外，“宁可”还能独立使用，形成“宁可q”句式，这些句式的大发展客观上减少了“宁可”与“与其”组配的几率。二是“与其”与“宁可”两者在语用意义等深层原因方面存在差异，[①] 这一点也是造成“（与其、与）p，宁可q”句式使用不多的一个重要原因。

由上可见，从“宁可”句式的历时发展中可以总结出以下几点认识：

第一，“宁可”句式系统逐步简化。在“宁可”句式的发展史上，“宁”“宁可”曾与众多组配对象一起关联取舍句式，但到了现、当代汉语阶段，这种情况被打破了，“也不”“决不”“不”和“也要”成为“宁可”“宁愿”“宁肯”和“宁”主要的组配对象，这使得“宁可”句式系统整体趋于简化，符合语言经济高效的发展方向。

第二，“宁可”“宁愿”和“宁肯”取代“宁”符合语言发展的规律。在汉语发展史上“双音化”是一种大的趋势，“宁可”“宁愿”和“宁肯”的出现并增多，正是基于“双音化”的大背景而发展起来的，因此，“宁可”“宁愿”和“宁肯”取代“宁”符合语言发展的大方向。

第三，新格式要慎重处理。比如“宁可q，也要a”句式，对此很多学者都认为它属于取舍句式，但我们认为它并非取舍句式，而是表择取义的分句“宁可q”嵌套于表目的义的逻辑语义框架之后形成的一种新兴句式。

① 参见王灿龙（2003）。

第三章

其他取舍复句关联标记的历时研究

从范畴的角度看，前面的研究只局限于两类最具代表性的句式，其实，这距汉语取舍句式系统的全面研究尚有较大距离。就语言的实际来看，汉语表达取舍的句式决不仅限于“与其”句式和“宁可”句式，因此，从范畴的角度入手，采用由内而外的研究思路，去挖掘汉语当中的众多取舍句式，应是我们今后努力的一个重要方向。

关于其他取舍句式，学界论述极少。黄伯荣、廖序东（2007）指出，“不……而……”“不在于……而在于……”“还不如”和“倒不如”等也能标记取舍句式。如：

(1) 年事已高，再加上他是人民解放军的总司令，不应再上前线冲杀了，而应考虑全军全国的大局，主要搞决策和运筹。

(2) 刘翔的领军意义不在于他能否拿到男子110米栏奥运金牌，而在于他能否在奥运男子短距离径赛项目上冲破欧美选手的一统天下。

(3) 至于外资购买本币国债，则涉及还本付息后的利润汇出等问题，况且让外资买本币国债还不如到海外发行外币国债，因为外币国债利率低于本币国债利率。

(4) 你取笑我了！闲来无事，看书看得累了，倒不如走出来，做点小手艺，舒筋活络。

除上述格式之外，张剑（1994）指出，“别的且不说……单是……就……”“别的不说……且说……”“且不说……单……”和“不必说……也不必说……单是……就……”也可标记取舍句式。张剑所举的例子如下：

(5) 别的且不说罢，单是学艺上的东西，近来就先送一批古黄到巴黎去展览。

(6) 诗有诗眼，文有文眼，大约名圈之类也应有个“因眼”吧！别的不说，且说稼减，我确凿认定它有“园眼”。

(7) 且不说自在画怎样生动美妙，图案画怎样工整细致，单忽努那么多密密麻麻的铜丝没有一条不是专心一致拈上去的，拈上去以前还得费尽心思把它曲成最适当的笔画，那是多么大的功夫。

(8) 不必说碧绿的莱吐，光清的石井栏，高大的皂芙树，萦红的桑葚；也不必说鸣蝉在树叶里长吟，肥胖的黄蜂伏在莱花土，轻捷的叫天子（云雀）忽然从草丛问直窜向云霄里去了。单是周围短短的泥场根一带，就有无限的乐趣。……

以上例句表明，汉语取舍范畴的表达形式丰富多样，我们的认识不能仅仅局限于“与其”句式、“宁可”句式等几类句式之上。本节在吸收黄伯荣、廖序东（2007）观点的基础上，拟对“不……而……”等几类句式进行简单讨论。本节中，“不……而……”等作为关联标记所关联的句式为方便起见，可表示为“不p，而q”句式、“不在于p，而在于q”句式、“p，还不如q”句式、“p，倒不如q”句式。

第一节　“不……而……”句式的历时考察

考察发现，早在先秦时期，“不p，而q”句式已经出现。这种句子从先秦到现当代一直为人们所普遍使用。以下是先秦时期的用例，如：①

(9) 郑伯如晋，子产寓书於子西，以告宣子，曰：“子为晋国，四邻诸侯不闻令德，而闻重币，侨也惑之。侨闻君子长国家者，非无贿之患，而无令名之难……”（《左传·襄公二十四年》）

(10) 楚子期伐陈，吴延州来季子救陈，谓子期曰：“二君不务德，而力争诸侯，民何罪焉？我请退，以为子名，务德而安民。”

① 本章语料均来自北京大学中国语言学研究中心CCL语料库，其中古汉语语料标注出处，现代汉语语料不作标注。

（《左传·哀公十年》）

(11) 今民求官爵，皆不以农战，而以巧言虚道，此谓劳民。劳民者，其国必无力；无力者，其国必削。（《商君书·农战第三》）

(12) 用兵有言："吾不为客；不敢进寸，而退尺。"是谓行无行；攘无臂；扔无敌；执无兵。祸莫大于轻敌，轻敌……（《老子·六九章》）

从句法关系的角度说，"不p，而q"句式所表达的取舍关系是通过"肯否定"的手段实现的，即肯定"q"而否定"p"。此外，"p""q"陈述的应是同一个主体（对象），如本节例（1），"p""q"陈述的主体（对象）同为"他"。若"p""q"陈述的主体（对象）不一致，则不属于取舍句。如：

(13) 其他动物靠自然本性而生存，它们的一切活动都不能超出其本性，而人则能在他的自由自觉的活动实践中实际创造一个对象世界。

例（13）中，虽然使用了"不""而"，但"不""而"后的"p""q"陈述的主体（对象）分别为"其他动物"和"人"，故此类句式不属于取舍句。必须指出，有的语法书认为，"不是p，而是q"句式，表达的是"并列"，而非"取舍"关系。其实，"不是p，而是q"句式与"不p，而q"句式之间并没有本质的区别，二者很难厘清界限。因此我们暂且将"不是p，而是q"句式也视作取舍句式，并将其视为"不p，而q"句式中的一个特例。如：

(14) 他愿意表达自己的感情，不是失去控制或让其他队员尴尬的那种，而是在队友打出好球时会告诉他们。

(15) 这一点让我放下心来，因为我天生怕耗子，倒不是怕耗子的模样，而是怕它偷吃我的食物给我传染个鼠疫什么的。

(16)"中古—近代化—民族惰性"，蒋廷黻在近代史中论述的这些环节，不是无的放矢，而是反映了近代中国某些实况及其方向的。

(17) 当他们在定义"史者何"或"历史何谓"的时候，实际上不是在确定“历史”的定义，而是在确定“史学”的定义；有时则同时合训而兼具两义。

此外，“不p，而q”句式还有一种超常搭配形式，即“不p_1，不p_2，而q”或“不p_1，不p_2，不p_3，而q”。如：

（18）毛泽东同志曾经说：“要这样做，就须不凭主观想象，不凭一时的热情，不凭死的书本，而凭客观存在的事实，详细地占有材料……”

（19）某种极端的专业科学训练，有可能把学生培养成不关心社会、不关心他人，对道德和艺术不感兴趣，而只在某一专门领域有着熟练的技巧的人。

（20）学校的真正性质和方向并不由地方组织和良好的愿望决定，不由学生委员会的决议决定，也不由教育大纲等决定，而由教学人员决定的。

（21）所以，国外继续教育研究既不搞简单的经验总结的问题研究，也不搞“纯思辨式”的理论研究，而只对继续教育进行系统研究，揭示其基本矛盾和基本规律……

从语义表达的角度说，“不p，而q”句式绝大多数情况基于“说话人视角”，只有少数情况基于“当事人视角”。基于“说话人视角”的表达体现出一定的“主观性”特征，而基于“当事人视角”的表达则体现出“客观性”的特征。如：

（22）总之，我们可以看到，发展不断地进行着，单个人的历史决不能脱离他以前的或同时代的个人的历史，而是由这种历史决定的。

（23）我认为，历史的发展不会由个人的意志来决定，而总是决定于历时发展的客观规律。

（24）至于西洋各国彼此互相牵制，向外发展不限于远东，相隔又远，用兵不能随便。李鸿章因此主张不进攻新疆而集中全国人力物力于沿海的国防及腹地各省的开发。

(25) 洪秀全得了南京以后，他认为当时的首要任务并不是建设新国家或新社会，而应是建设新朝代。

前两例直接表达说话人的立场、观点和态度等，句中的第一人称代词“我们”“我”实际上就是说话人，因此此类“不p，而q”句式属于基于“说话人视角”的表达，具有较强的主观性特征。后两例从当事人的角度去表达，“李鸿章”“洪秀全”即为当事人，该类句式属于基于“当事人视角”的表达，在表达上具有客观性的特征。

从语用环境的角度说，“不p，而q”句式与同处一个层次上的前后接句之间的逻辑语义关系一般为“因果”，即此类句式一般出现在表“因果”的语境中。如：

(26) 要讲究方式方法，|不能老是训斥，而要以师生平等的口气进行疏导。

(27) 将更多地把时间和精力用于提高自身的精神生活质量，|学习的目的将不再局限于应付职业的要求，而是转为丰富自己的精神世界。

(28) 由于马克思主义历史学的既存事实，|对历史学是什么的回答，就不应该再继续停留在一般历史学的认识阶段，而必须把它当做一门完成的知识形态意义上的科学来看待。

(29) 对苏外交上，尤其关心苏联对中日冲突所采取的态度。|他不同意时人认为苏联将会支持中国抗日的观点而认为这个信念全无把握，他从历史与现实的关系考察，觉得苏联的远东……

以上诸例竖线“|”左右两边的分句在逻辑语义上均为“因果”关系。

还有少数用于“假设”等关系的语境中，如：

(30) 如果执行“Back（后退）50”命令，|那么小海龟的方向不会发生改变，而会向后退41“步”；执行归位命令后，不论当前小海龟的位置及方向……

此例竖线“｜”左右两边的分句在逻辑语义上为“假设”关系，有表示假设的关联词语“如果”“那么”作为标记。

研究发现，由于“不p，而q”句式是明确通过“肯否定”的手段来表达取舍的，所以该句式经常出现于表“因果”的语境当中。一般来说，人们作出明确的“肯否定”判断都是基于某种原因，否则不会轻易下此结论。这是该类句式较多用于“因果”语境中的认知原因。

第二节　“不在于……而在于……”句式的历时考察

考察发现，“不在于p，而在于q”句式最早见于西汉，但在之后历代的文献中该类句式使用频率很低，直到晚清以后才又被普遍使用开来。如：

（1）天下之要，不在于我，不在于人而在于我身，身得则万物备矣，彻于心术之论，则嗜欲好憎外矣。（《淮南子》卷一）

（2）心无贪恋，则无往而不自安。此不在于临事遇变之时，而在于平居讲学之际。（《鹤林玉露》卷四）

（3）盖尝论之，吴之亡不在于吾之被谗，越之霸不在于种、蠡之用，而在于吾之受戮。吾若不死，则苎萝之妹，适足为后宫之娱；荣楯之华，适足……（《剪灯新话》卷四）

（4）季弟信药太过，自信亦太深，故余所虑不在于病，而在于服药，兹谆谆以不服药为戒，望季曲从之，沅力劝之，至要至嘱！（《曾国藩家书·修身篇》）

（5）故苞之失不在于昧义，而在于少智；设令智士处此，当不若是之冒昧进战也。（《后汉演义》五八回）

从句法关系的角度说，与“不p，而q”句式大致相当，此类句式也是通过“肯否定”的手段来表达取舍的，即肯定“q”而否定“p”。此外，该类句式中的标记“在于”属于动词，所以“p”“q”既可以表陈述，也可以表指称。如：

（6）舒尔茨曾说：“现代心理学与它的智慧的先驱者的重要区

别，不在于所提问题的种类，而在于探索答案所用的方法。”

(7) Shepard 设计的心理旋转操作实验其重要性不在于它所得出的结论，而在于它所提出的问题：人在反映外界三维空间时形成了一个内部的视觉表象……

(8) 就目前而言，我们的希望不在于引进“菲佣”，而在于培养自己的国产“菲佣”。

(9) 因此，他主张区分“刚性”和“柔性”宪法的意义并不在于评价是否存在特别的修改程序，而在于评价宪法实际上是否频繁地进行变动，其修改过程是否容易。

以上四例中，前两例中的“p”分别为“所提问题的种类”“它所得出的结论”，“q”分别为“探索答案所用的方法”“它所提出的问题：人在反映外界三维空间时形成了一个内部的视觉表象”，以上“p”“q”均为指称性成分。后两例中的“p”分别为“引进‘菲佣’”“评价是否存在特别的修改程序”，“q”分别为“培养自己的国产‘菲佣’”“评价宪法实际上是否频繁地进行变动，其修改过程是否容易”，以上“p”“q”均为陈述性成分。

另外，“不在于 p，而在于 q”句式还有一种超常搭配形式，即“不在于 p_1，不在于 p_2，而在于 q”或“不在于 p_1，不在于 p_2，而在于 q_1，在于 q_2”。如：

(10) 现代企业制度的本质特征，不在于公司的名称，也不在于法人地位，而在于公司以其拥有的法人财产承担有限责任。

(11) 更重要的是她由此深深懂得了歌唱艺术的真谛不在于国度也不在于流派，而在于艺术家对自己祖国的崇敬，立足于本民族的优秀传统才有可能被世界所……

(12) 因此，真正的政绩不在于 GDP 的增长速度有多高，不在于搞了多少漂亮的大工程，而在于这一切能否带动广大农民持续增加收入，不断提高物质和文化生活水平……

(13) 协调发展，共同处于一个完整的现代教育体系之中。二者的区别既不在于谁主谁次，也不在于谁正规谁不正规，而在于类型的不同，在于所面对的经济社会发展和社会分工所提出的人才需求……

以上四例中，前三例为“不在于 p_1，不在于 p_2，而在于 q”句式，后一例为“不在于 p_1，不在于 p_2，而在于 q_1，在于 q_2”句式。

从语义表达的角度说，在现代汉语中，“不在于 p，而在于 q”句式的表达大多基于“说话人视角”，少数基于“当事人视角”。如：

(14) 笔者认为，要解决这个问题关键不在于是否使用惩罚，而在于如何制定规则。

(15) 我觉得巴菲特之所以伟大，不在于他在 75 岁的时候拥有了 450 亿元的财富，而在于他年轻的时候想明白了许多事情，然后他用一生的岁月来坚守。

(16) 李嘉诚说：“说实话，这是不可能的。原因不在于时间紧迫，而在于我的公司目前拿不出一笔马上大批生产塑胶花的资金来……”

(17) 在他看来，目前文学市场的疲软，其原由并不在于商品经济的冲击，而在于文学本身的萎缩，脚大怨骨节的说法只能是逃避责任的托辞……

前两例直接表达说话人的立场、观点和态度等，句中的第一人称代词“笔者”“我”实际上就是说话人，此类句式属于基于“说话人视角”的表达，具有较强的主观性特征。后两例从当事人的角度去表达，“李嘉诚”“他”即为当事人，该类句式属于基于“当事人视角”的表达，在表达上具有客观性的特征。

从语用环境的角度说，“不在于 p，而在于 q”句式与同处一个层次上的前后接句之间的逻辑语义关系主要是“因果”，即该类句式主要处于表“因果”关系的语境当中。如：

(18) 美国在以色列修建隔离墙问题上并没有一个明确立场，｜问题不在于隔离墙是否应该修建，而在于它应建在什么地方。

(19) 制度创新已经成为制约西部发展的瓶颈。｜来西部省市的真正优势不在于区位和资源，而在于良好的投资环境……

(20) 其实，人生意义问题的提出，是以绝对为背景的，｜哲学的智慧不在于就人生论人生，而在于以绝对为背景对人生意义作出说明。

(21) 某些人的主观意愿所致，而是历史演变无可挽回的结果。｜所以，问题不在于不合时宜地强调“三权分立”，而在于寻找新的适应时代的制衡形式，不管这种形式是政党的……

以上诸例竖线“｜”左右两边的分句在逻辑语义上均为“因果”关系。之所以呈现这种分布状态，主要由于“不在于p，而在于q”句式也是明确通过“肯否定”的手段来表达取舍的。一般来说，人们作出明确的“肯否定”判断都是基于某种原因，否则不会轻易下此明确的结论。这也是此类句式较多用于“因果”语境中的认知原因。

第三节 “还不如”句式的历时考察

考察发现，“p，还不如q”句式出现较晚，大致从明代起此类句式才开始使用。如：

(1) 悟空心中想道：“这里定有现成的兵器，我待下去买他几件，还不如使个神通觅他几件倒好。”(《西游记》三回)

(2) 三个妈妈子商量说：“唐家的姑娘人材不大出众，这还不如原旧姓计的婶子哩，这是不消提的了。这秦姑娘倒是个有一无二的美人……”(《醒世姻缘传》十八回)

(3) 弟子与其失身死于师尊之手，还不如保此可贵之体，受你三姐一剑，九泉之下得逢师尊，或者他老人家念我……(《八仙得道》六二回)

(4) 一泡尿也吓的人也没有溺完，真是那里的晦气，平白里接下个你，还不如接个文雅些的王八，虽然说是龟钻了龟，少冒失些儿也好。(《绿野仙踪》五一回)

从语法关系的角度说，此类取舍句式的特点是，用标记“还不如”直接显示“p”比不上“q”，在比较中体现取舍关系。如：

(5) 有时候，双通道呈现信息还不如用单通道的效果好。

(6) 无联系来区分是否是假借字，实际上是混淆了两个不同性质的问题，还不如以字义是否是字形所表本义来区分是不是假借字的许慎假借说原意……

(7) 考虑到年轻人一般都会忽略安全和健康问题，我想千叮万嘱还不如把父亲的这三句话转送给她，希望她能够把安全、健康、事业的顺序搞……

(8) 互联网还是一个比较小的产业，去年才 700 多亿元产值，还不如零售行业某一家公司，好像还不如万科的销售额。

以上前三例只用标记“还不如”直接显示出取舍主体取“q”而舍“p”的语义关系，如例（5）中通过“还不如”显示出“用单通道呈现信息”比“用双通道呈现信息”好，这实际上也体现了取舍主体的取舍倾向。其他两例可依例（5）类推分析。最后一例则是使用两个“还不如”显示并强化取舍关系。考察发现，“还不如”有时还与“与其”“如果”配合使用，同“与其”搭配的比例还比较高。如：

(9) 我研究的对象与其说是“大社会境况中的金融市场”，还不如说是数学世界里的随机变量和随机过程。

(10) 道家与其说是个人主义，还不如说是享乐主义更确切一些。

(11) 但是如果你真的想去国外二流商学院，我倒认为还不如来中欧。

(12) 在大学这个人生的实验室里，如果你排斥对自己的改造和实验，那还不如躺在家里舒舒服服地看四年书。

我们按照检索顺序，考察了北京大学 CCL 语料库中前 100 个含有“还不如”的取舍句式，发现“与其”与“还不如”搭配的例子有 21 例，“如果”与“还不如”搭配的例子有 8 例，只用“还不如”的有 71 例。为直观起见，统计列表如表 3-1 所示：

表 3-1　“还不如”与其他词语组配情况表

	与其	如果	单用	总计
还不如	21	8	71	100

续表

	与其	如果	单用	总计
比例	21%	8%	71%	100%

（说明：由于四舍五入等原因，总计有可能出现不等于100%的情况）

从语义表达的角度说，在现代汉语中，“p，还不如q”句式的表达大多基于“说话人视角”，少数基于“当事人视角”。如：

（13）所以我常常说嘛，我说我那会儿学了这教啊，还不如我那会儿啊，学照相呢。啊我要学照相我看比那还有用呢……

（14）我让姚明来NBA测试，与其说是向美国篮球界展示他的实力，还不如说是为他出国作好铺垫。

（15）美国英特尔公司总裁说：“与其谈论信息资源的公平享用，还不如先谈论美国社会食品、住宅和医疗服务的公平享用。”

（16）大多数国家认为，与其设立新的机构，还不如研究改进现有的联合国人权活动机构……

在以上四例中，前两例直接表达说话人的立场、观点和态度，基于“说话人视角”，体现出较为强烈的主观性特征。后两例基于“当事人视角”，从当事人的角度去表达，体现出客观性的特征。

从语用环境的角度说，“p，还不如q”句式与同处一个层次上的前后接句之间的逻辑语义关系主要是“因果”，也就是该类句式主要处于表“因果”关系的语境当中。如：

（17）要说安置就业有困难，就是连吃饭也大成问题。｜与其回去无法生活，还不如就在中国暂住一段时间，还可以替你们做事。

（18）国家对非洲的看法已有所改变，｜与其整天见到一个动荡不已的大陆，还不如让某种强有力的泛非组织自己管理约束自己，也好让他人与之打交道。

（19）对于植树来说，护树养树更不易。｜与其搞花架子，年年种树不见树，还不如把更多精力花在养树、护树上，把绿色实实在在地铺在大地上。

（20）3个人干，3个人的饭5人吃，越吃越穷，越穷越亏，谁也吃不饱，｜还不如先让一部分人真正干起来，其余的人另谋生路。

以上例句竖线“｜”左右两边的语义关系均为“因果”。“p，还不如q”句式主要处于表“因果”关系的语境之中，主要由于此类句子建立在“比较”的基础之上，一般来说人们在得出比较结论时总要有一定的依据、基于一定的原因，很少凭空去比较，这是该类句子较多用于“因果”语境中的认知原因。

第四节　“倒不如”句式的历时考察

考察发现，“p，倒不如q”句式出现也比较晚，大致从元代开始此类句式才开始使用。如：

(1) 他们都一发买将山东卖去。便到市上。也只一般。千零不如一顿。倒不如都卖与他。你既要卖时。(《老乞大谚解》下)

(2) 想人生最苦离别，可怜见千里关山，独自跋涉。似这般割肚牵肠，倒不如义断恩绝。虽然是一时间花残月缺，休猜做瓶坠簪折。(《西厢记》四本)

(3) 他能知过去未来，他能腾云驾雾，宣他也进来，不宣他也进来，倒不如宣他进来，还省些口面。(《西游记》三〇回)

(4) 我主意已定，你就是我的娘老子，你也拗不过我！你倒不如顺着道儿撺掇，叫我看玩一回，咱死心塌地的走路。(《醒世姻缘传》七八回)

从语法关系的角度说，与“p，还不如q”句式大致相同，“p，倒不如q”句式也是通过比较“p”“q”的优劣来体现取舍关系的。如：

(5) 因为，若无陆军部的保荐，他留在日本也无法报考军事学校，倒不如暂且回国，想办法取得合法身份，然后再赴日本，实现报考军事学校的……

(6) 苦思苦想，自家手上没有一兵一卒，也干不成什么惊天动地的大事，倒不如闭门造车，先给他来个“纸上谈兵”，且看孙中山有何反应。

(7) 万一皇上去世的消息传了开去，恐怕里里外外都会发生混乱；倒不如暂时保密，不要发丧，赶回咸阳再作道理。

(8) 皇上年纪那么小，我们拼死拼活去打仗，将来有谁知道我们的功劳，倒不如现在就拥护赵点检作皇帝吧！

例（5）通过“p”“q”的优劣比较，得出“留在日本”不如“暂且回国”的结论，显示出选定后者而舍弃前者的语义关系。其他几例可依例（5）类推分析。考察发现，“倒不如”常常与“与其”搭配使用，此外少数还与“如果”“既然”等配合使用。如：

(9) 我们可能会说：“反正羊毛出在羊身上，与其借债，反倒不如由老百姓先交税。”

(10) 实际上没有这个必要，与其让学生一起玩电子游戏，倒不如让学生一起讨论来共同解决问题。

(11) 今天看来，战是死，不战也是死；如果不战而死，倒不如与他们拼死一战！即使战死了，也不负皇恩，也不失为大明朝的忠臣。

(12) 既然口风已经传到外面去了，倒不如假戏真唱，索性找个媒人到毛家去正式提亲，把毛阿春明媒正娶到蒋家……

我们按照检索顺序，考察了北京大学 CCL 语料库中前 100 个含有“倒不如”的句式，发现“与其”与“倒不如”搭配的例子有 56 例，“如果”与“倒不如”搭配的例子有 3 例，“既然”与“倒不如”搭配的例子有 4 例，只用“倒不如”的有 37 例。为直观起见，统计列表如表 3-2 所示：

表 3-2 “倒不如”与其他词语组配情况表

	与其	如果	既然	单用	总计
倒不如	56	3	4	37	100
比例	56%	3%	4%	37%	100%

从语义表达的角度说，在现代汉语中，“p，倒不如 q”句式的表达大

多数基于“说话人视角”。如：

(13) 爱，我又何以而能失恋呢？所以我这里所描写的，与其说它是写实，倒不如说它是由我神经过敏而空想出来的好。

(14) 我有一种感觉：在这本书中，与其说刘先生是在谈文学和哲学，倒不如说他是在谈政治或社会学。

(15) 我该怎么说呢，说她是一位貌美的妙龄女郎，倒不如说她更像是《一千零一夜》里的公主。要是能跟这样……

以上各例直接表达说话人的立场、观点和态度，说话人在句中表现为第一人称的“我”，体现出较为强烈的主观性特征。还有少数的“p，倒不如 q”句式基于“当事人视角”。如：

(16) 木头人道：“这件事做不成，回去也一样是死，倒不如现在死了算了。”

(17) 陆小凤叹了口气，道：“好吧，反正我迟早总是逃不了的，倒不如索性卖个交情给你。”

(18) 小老头淡淡道：“他若经不起那些考验，以后行动时还是要死，倒不如早些死了，也免得连累别人。”

以上各例都是从当事人的角度去表达的，当事人分别为“木头人”“陆小凤”“小老头”，此类句子体现出客观性的特征。

从语用环境的角度说，“p，倒不如 q”句式与同处一个层次上的前后接句之间的逻辑语义关系主要是“因果”，也就是说该类句式主要处于表“因果”关系的语境当中。如：

(19) 因为银行存款利率极低，｜钱放在银行根本达不到增值的效果，倒不如把钱拿出来投资。

(20) “美国政府对此早已阐明过立场”。｜这与其说是回答记者提问，倒不如说是和记者们玩“太极拳”。

(21) 倘若自己禁止不住，就可以嫁娶。｜与其欲火攻心，倒不如嫁娶为妙。

（22）家井上厦，本名用“厦”字，而作为笔名，改用了假名，｜与其音译，倒不如还其本来面目。

以上例句竖线“｜”左右两边的语义关系均为“因果”。“p，倒不如q”句式主要处于表“因果”关系的语境之中，也主要由于此类句子建立在“比较”之上，一般来说人们在得出比较结论时总要有一定的依据、基于一定的原因，很少凭空去比较，这也是该类句子较多用于“因果”语境中的认知原因。

第四章

选择复句关联标记“或者”的历时研究

按照美国构式语法专家Goldberg的观点，构式作为一个形式和意义的匹配体，无论它的形式和意义的哪个方面，都不能从其组成成分或其他现有的构式中推导出来，构式本身具有独立的构式义。本文受构式语法理论的影响，认为构式义在认知层面上具有整体性，所以为了更好地理解构式义就需要从整体上去把握它。基于以上认识，我们认为“或者”句式是一个特定的构式，该构式具有独立的整体意义——构式义。

在现代汉语中，“或者”作为表示选择关系的一个典型关联标记，从其产生以来就颇受学术界的关注。20世纪80年代以来，随着汉语语法研究的深入发展，学术界对“或者”句式的研究呈现多角度、全方位的态势，并且取得了丰硕的成果。但目前的研究基本上都局限于共时层面，历时层面的研究成果鲜见。本章拟对“或者”关联标记的历时演变情况进行系统的梳理和研究，以期为相关研究提供帮助。

第一节　“或者”句式的演变历程

“或者”句式是汉语中的一种常见句式，从先秦时期开始，该句式经历了漫长的发展演变历程。经过先秦两汉、唐宋、元明清和现当代这几个阶段的发展演变，“或者”作为选择复句的关联标记最终被固定和确立了下来。

一　先秦两汉

先秦时期，“或者”句式就已经出现，但是其用法不是表示选择关

系，而是用来表示推断、猜测之义，译为“也许”“大概”。如：[①]

(1) 今周室少卑，晋实继之，其或者未举夏郊邪？（《国语·晋语》）

(2) 今君或者未及武丁，而恶规谏者，不亦难乎！（《国语·楚语》）

(3) 楚王方侈，天或者欲逞其心，以厚其毒，而降之罚，未可知也。（《左传·昭公四年》）

(4) 君用其言而赏后其身，或者不可乎。（《吕氏春秋·卷十四》）

(5) 或者公与，何其速妇之也？（《谷梁传·文公四年》）

这一时期的“或者”表示一种主观推测，是一个副词性结构，在句子中充当状语成分。在我们所考察的先秦语料中，有一例“或者”表示推测之义不明显，我们认为，本时期的这一用法中的“或”为代词，“者”附着在“或”之后，是语气词。如：

(6) 今之城者，或者操大筑乎城上。（《吕氏春秋·不屈》）

这一时期关于“或者”语料较少，为了保证研究的科学性，我们还调查了同时期“或”的语料，试图与“或者”进行对比考察。先秦时期，“或”的语料要远远多于“或者”，而且出现时间也要早于“或者”，大多数用作代词，表示“有的”“有时”。如：

(7) 自时厥后，亦罔或克寿。或十年，或七八年，或五六年，或四三年。（《今文尚书·无逸》）

(8) 君子之道，或出或处，或默或语。（《周易·系辞上》）

(9) 或降于阿，或饮于池，或寝或讹。（《诗经·无羊》）

(10) 曹姓邹、莒，皆为采卫，或在王室，或在夷狄，莫之数也。（《国语·郑语》）

① 本章语料均来自北京大学中国语言学研究中心CCL语料库，文中均标注了具体出处。

（11）君有二臣，或可赏也，或可戮也。（《国语·楚语》）

（12）吴之罪人或奔或止，三国乱。（《左传·昭公二十三年》）

“或”有时也用作副词，表推测之义，只是这一时期代词用法占主导地位。如：

（13）今公子兰，姞甥也，天或启之，必将为君，其后必蕃。（《左传·宣公三年》）

（14）赏而去之，其或难焉。（《左传·襄公二十一年》）

在以上两例中，“或”的指代意义不明显，因此学术界多认为其为副词。杨树达在《词诠》（2006）中认为，例（13）的“或”字为“表态副词”。刘淇在《助字辨略》（1983）中认为，例（14）中的“或”与“或者”同，是“疑辞，犹云，‘无乃’也。”“或”在先秦两汉时期，其所在的主要句子结构类型为“或+谓语+宾语”。

两汉时期，“或者”的主流用法仍为副词，在句子中表示推测，可译为“大概、也许”之义。“或者”有时置于句子开头，有时置于主语和谓语之间。如：

（15）或者生乃徭役也，而死乃休息也，天下茫茫，孰知之哉？（《淮南子·精神训》）

（16）尔国君或者无不反曰。（《汉书·翟方进传》）

（17）或者设为反间，欲因而生隙，受之适合其策，使得归曲而直责。（《汉书·匈奴传》）

（18）今闻或者陛下从方正贤俊之士。（《前汉纪·孝文皇帝纪上卷第七》）

（19）天或者憎秦灭其文章，欲汉兴之，故先受命以文为瑞也。（《论衡·佚文篇》）

（20）足下或者见城围不解，救兵未至，感婚姻之义，惟平生之好，以屈节而苟生。（《三国志·魏书·吕布传》）

“或者”在《论衡》中一共出现 3 次，2 次用作表推测的副词，1 次用作无定代词。

二 魏晋南北朝

魏晋南北朝，“或者”的代词用法较先秦时期有所增多，例（21）、例（22）中“或者”都用作无定代词。这一阶段“或者”的出现频率也有所增加。如：

（21）或者曰：“天下已治矣。”（《新书·治安策》）

（22）而或者所闻见，言是而非，然则我之耳目，果不足信也。（《抱朴子·内篇》）

语料调查表明，《三国志》里出现的“或者”全部用作状语，表示主观推断。通过梳理本阶段的用例，我们发现，“或者”在大多数情况下均作为表推测的副词，而“或”在多数情况下为人称代词。当“或者”用作副词时，其句子结构类型为“N+或者+VP”或“或者+N+VP”。[①] 由于古代汉语省略用法很常见，所以“或者”句式也会出现一些“N+或者+VP”或“或者+N+VP”的变体。“或者”极少用作代词，这主要是与“或者”中的“或”有着极大的关系。如：“今之城者，或者操大筑乎城上。”此句中，“操”是动词，前面缺少主语，因此，“或者”是人称代词，而“者”字附着在“或”后，复指“或”，“或者”可译为“有的人”。

三 唐宋

唐宋时期是“或者”发展走向多样化的阶段，尤其是宋代，用作代词的频率有所攀升，并且呈现稳步上升的态势。如：

（23）白水君与张氏夫人日益怜异，亦曲从其好，或者以女工之事宜当习之。（《唐代墓志汇编续集》）

（24）或者天降沴，无乃儆予躬。（《白居易诗全集·贺雨》）

---

① 此处的“N”或“NP”表示名词或名词性结构，“V”或“VP”表示动词或动词性结构，“+”表连接作用，下文同。

（25）或者不量力，谓兹鳌可求。（《白居易诗全集·题海图屏风》）

（26）或者又谓：“黄庭在二肾之间。”（《梦溪笔谈·象数一》）

（27）或者云：“是许镇将之子也。”（《五元灯会》卷八）

例（23）、例（24）中的“或者”用作副词，例（25）、例（26）、例（27）中的“或者”用作代词。这一阶段，“或者”的代词用法逐渐增多，《朱子语类》里“或者”出现26次，其中25次用作代词，置于主语或者宾语的位置上。如：

（28）或者又说求利而不得，则自多怨天尤人。（《朱子语类》卷二十五）

（29）“其从之也”，只合作从或者之言，不宜作从井中之仁也。（《朱子语类》卷三十三）

（30）或者说如此，但其家子孙自认是它作。（《朱子语类》卷七十八）

考察发现，《朱子语类》中有1例用作副词，表示一种主观推测。如：

（31）不然，贤否初不相闻，但据一时梦寐，便取来做宰相，或者于理未安。（《朱子语类》卷七十九）

唐宋时期，“或者”的用法变化不大，基本还是副词和代词两种用法。只是这一时期的代词用法开始上升，在《朱子语类》中，“或者”代词用法的比例达到95%以上。总之，本阶段的“或者”有副词和代词两种用法，而且用作代词的情况大大超越副词。此外，本阶段“或者”作为副词时，用于“N+或者+VP”或“或者+N+VP”两种格式中，省略了主语；“或者”作为代词时，大都用于“或者+VP”格式中。

四 元明清

本阶段，“或者”句式蓬勃发展，使用频率大大提高，而且用法上也出现了新的搭配。用于表示推测时，多与“也不可知”“也未见得”搭配。“或者”除了用于“N+或者+VP”或“或者+N+VP”这两种从先秦沿用下来的句式外，还常出现在“或者+也未可知”或“或者+也不见得”这两种新兴的句式之中。如：

(32) 我同你去，或者他家留酒饭也不见得。(《元代话本选集》)

(33) 或者蜀、吴奸细行反间之计，使我君臣自乱，彼却乘虚而击，未可知也。(《三国演义》第九十一回)

(34) 他既未卜先知，或者有些效验也不可知。(《醒世姻缘传》第二十八回)

(35) 或者他逃回旧主人处，也未可知。(《二十年目睹之怪现状》第三十四回)

(36) 媳妇儿忽然安静起来，或者是蟠儿转过运气来了，也未可知。(《红楼梦》第九十一回)

这一阶段“或者”的用例较多，我们抽样考察了《元代话本选集》《三国演义》《西游记》《醒世姻缘传》《二十年目睹之怪现状》《红楼梦》和《老残游记》7部文献。通过以上文献的考察，我们发现，“或者”除大量用作表推测的副词外，本阶段“或者”用作代词的情况急剧下降，而“或者”用作连词表示选择语义关系的用例逐渐增多。如：

(37) 我那顽徒俱是山野庸才，只会挑包背马，转涧寻波，带领贫僧登山涉岭，或者到峻险之处，可以伏魔擒怪，捉虎降龙而已。(《西游记》第六十八回)

(38) 就是下海行江，我须要捻着避水诀，或者变化什么鱼蟹之形才去得。(《西游记》第四十九回)

(39) 请荧惑火德星君来此放火，烧那怪物一场，或者连那圈子烧做灰烬，捉住妖魔。(《西游记》第五十一回)

(40) 但腾出了这后进房子，就应该收拾起来，招呼些外路客帮，或者在那里看贵重货物，这也是题中应有之义呀，为甚么就要租给别人呢？(《二十目睹年之怪现状》第六回)

(41) 这个人的履历，非但是新闻，简直可以按着他编一部小说，或者编一出戏来。(《二十年目睹之怪现状》第二十八回)

以上用例中的“或者”并不具有实在意义，只起连接作用，表示选择关系。例 (37) 列举两种并列的情况“登山涉岭”和“到峻险之处”；例 (38) 为了下海行江需要在“捻着避水诀”和“变化什么鱼蟹之形”中选择一个技能；例 (39) 选择烧“怪物”或者“连同怪物的法宝圈子一并烧”；例 (40) 在“招呼外路客帮”和“看贵重货物”之中选择；例 (41) 根据那个人的履历提出编写“一部小说”或“一出戏”这两种可能性的建议。以上用例都用“或者”标记选择关系。

本阶段，“或者”还经常与别的词语搭配共同来标记选择关系，并构成双用或多用的形式，有的已经成为固定的格式。如：

(42) 地方官自然奏表，那昏君必有旨意，或与国丈商量，或者另行选报。(《西游记》第七十八回)

(43) 实在没法，所以来求太太，或者就依他们做尼姑去，或教导他们一顿，赏给别人作女儿去罢。(《红楼梦》第七十七回)

(44) 若是个小雀儿，或者是打窗户棂子，或是门槛子底下进去的。(《醒世姻缘传》第六十三回)

(45) 大哥是知道那个骗子的了，为甚不去告诉了他，等他或者控告，或者自己去追究，岂不是件好事？(《二十年之目睹怪现状》第六回)

(46) 假若不是这怪弄法，或者蓦杀师父，或者被妖吃了，我等不须苦求，早早的别寻道路何如。(《西游记》第四十九回)

(47) 若在平常人家，或者还可以重新出来，或者嫁人，或者再做生意。(《二十年目睹之怪现状》第六十五回)

以上是“或者”与别的词语搭配使用构成双用或多用的形式。例 (42)、例 (43)，“或者”与“或”搭配使用，针对不同的情况，用“或者”“或”引出两种或多种可选项；例 (44) —例 (47)，则是“或者”与“或者”组成前后选择项。这一阶段的“或者”句式比较接近现代汉语选择句式的用法。通过考察以上 7 部文献，我们发现“或者”与其他关联词语的组配情况如下表所示：

元明清阶段“或者”与其他关联词语组配情况表

	或……或者	或者……或	或者……或者
元代话本集	0	0	0
西游记	1	0	1
红楼梦	0	1	2
醒世姻缘传	0	2	0
三国演义	0	0	0
二十年目睹之怪现状	0	0	11
老残游记	0	0	1
合计	1	3	15

由上可见，我们认为，本阶段“或者”作为表推测性副词的用法仍处于主导地位。同时，在唐宋阶段“或者”作为代词使用很常见，但到元明清阶段，代词用法逐渐减少，而新兴的作为连词使用的用例大量增加。此外，“或者”作为副词时，主要用于“或者+N+VP”或“或者+也未可知（也不见得）”句式中；而当其用作连词关联选择项时，主要用于“前选择项+或者+后选择项”或“或者+前选择项+或（或是、或者）+后选择项”句式中。

五　现当代

众所周知，经过白话文运动等一系列活动的调整，现代汉语有了巨大的变动。这一阶段“或者”的用法也发生了明显变化，其作为选择关系连词的用法呈现压倒性优势，而作为副词的用法则大幅下降。在我们所调查的70条现代文学作品用例中，其中有49条例句是用于表示选择关系。无论是单用、双用或多用，“或者”都主要用来标记选择句式，因此，“或者”在现代汉语阶段已经发展成为关联选择关系的一类标记。如：

（48）不管是那里的老爷或者少爷，你只要伤害了他们，我是一辈子也不认你的。（曹禺《雷雨》）

（49）怎么把天津或者东北的料运来呢？（老舍《春华秋实》）

（50）此外，还或者让他吃泥土或大小便，或者毒打他，或者将

他幽禁起来，也都是同情的表现。（冯雪峰《发疯》）

（51）乡村里每四五里总有一个庙宇，或者由一姓独建，或者由数姓合建。（唐韬《南归杂记》）

以上例子列出了“或者”单用或多用的情况。如例（48）、例（49）中，“或者”单用、并引出选择项——“老爷、少爷”和“天津、东北”；例（50）、例（51）中，“或者”多用、并引出相应的选择项，为选择主体提供选择的范围。

在本阶段，“或者”也出现了新的搭配，其后经常跟“是”“说”等组成“或者是”“或者说”。如：

（52）对付她可以用各种方法推诿，或者说不记得放在哪儿，或者说记得已经还了，或者，如果她拉下脸来，就干脆说，稿子已经归还。（杨绛《洗澡》）

（53）有时到一个朋友家去，或者是朋友自己带了我去，或者是随了别人一同去，第二次我一个人去，常常找不着。（汪曾祺《小说三篇》）

（54）等他醒过来，他第一眼看到这屋子是白的，他想，或者是在医院里，或者是在旅馆里，或者是在过去读书的那学校里。（萧红《马伯乐》）

（55）所以说文学是描画外物的，或者是抒写内心的，或者是表现内心所映现出的外物的，都不免有“吹”的嫌疑。（俞平伯《文学的游离与其独在》）

考察发现，在本阶段，“或者”的用法稳定下来，保留了副词和连词的用法，并且在使用频率上，连词用法超过了副词用法成为主要用法。作为现代汉语中表示选择未定的主要关联标记，“或者”作为选择连词单用时，基本句式为“选择项+或者+选择项”，前后连接的选择项有时意义相对，有时意义相近；其双用的基本句式为“或者+前选择项，或者+后选择项”，有时“或者”后附判断动词“是”，构成格式——“或者是+前选择项，或者是+后选择项”。

综上所述，从“或者”的历史演变中可总结出以下两点认识：

其一，“或者”一词的用法最早在先秦两汉阶段只有副词用法，是一个凝固性不强的副词性结构，极个别的代词用法也是由“或者”中“或”来承担的；唐宋阶段，受韵律等因素的影响出现了副词、代词并存的情况，“或者”逐渐凝固为一个词；到元明清阶段，副词和代词以及连词用法并存，尤其是明清时期“或者”的代词用法被连词用法所逐渐取代；最后到现当代阶段，“或者”保留了副词和连词的用法，但连词用法具有压倒性优势。

其二，作为现代汉语中的典型选择关联标记，“或者”在先秦时期并不表示选择。在先秦两汉阶段，其基本句式为“N+或者+VP”或“或者+N+VP”，一般多作为分句出现，多是单用，表示推测之义，占有绝对优势地位。唐宋阶段，“或者”作为副词时，用于“N+或者+VP”或“或者+N+VP”这样的句式中；本阶段的“或者”作为代词时，大都用于“或者+VP”。元明清阶段，“或者”作为副词时，主要用于“或者+N+VP”或“或者+也未可知（也不见得）”句式中；当其表示选择关系时，主要用于“前选择项+或者+后选择项”或“或者+前选择项+或（或是、或者）+后选择项”句式中。现代汉语阶段，“或者”作为表示选择的主要关联标记，当其作为选择连词单用时，基本句式为“选择项+或者+选择项”，前后连接的选择项有时意义相对，有时意思相近；其双用的基本句式为“或者+前选择项，或者+后选择项”，有时“或者”后附判断动词“是”，构成句式——“或者是+前选择项，或者是+后选择项”。

第二节　“或者”句式演变的动因

从前面的分析可知，“或者”句式经历了漫长的发展过程，从先秦时期的萌芽到现当代时期的稳定，由用法单一化到用法多样化，这中间伴随着语法化的过程。以往的语法化研究着重关注的是句子中的某一实词是怎么虚化的，短语是如何语法化的，很少把注意力放在句法结构的语法化上，其实，句法结构的语法化同样非常重要。

在现代汉语中，“或者”作为选择连词使用，用来表示数者选一。《现代汉语词典》（第7版）指出，“或者”在现代汉语中有三种用法：其一是用作副词，表示“或许”之义；其二是用作连词，放在叙述句，表示选择的关系；其三是用作连词，表示等同的关系。“或者……或者……”句式作为一种选择构式，从语法化的角度说，该构式一直朝着单一表示选择意义的方向发展，“或者”的发展演变为：“副词—副词/代词—连词/副词。”本节将重点分析选择连词“或者”和“或者”构式语法化的动因。

一　“或者”的演变动因

研究表明，促发连词“或者”语法化的动因不止一个，句法位置、韵律因素以及使用频率等均是促使其语法化的主要原因。

首先，从句法位置的角度分析。姚尧（2012）认为复音词“或者”来源于“或”，在上古汉语早期中尚未出现，但在上古汉语中期已十分常见。[①] 何乐士等在《古代汉语虚词通释》（1985）中认为“或者”的用法与“或”的用法一致。楚永安在《文言复式虚词》（1986）中指出“或者”是个副词性结构。“或”是个无定代词，同时也是个副词。当它与“者”字连用，变成“或者”这种复合形式以后，一般是作为副词来使用。[②] 通过考察“北京大学中国语言学研究中心古代汉语语料库”中含有“或”和“或者”的例子，我们发现，“或”的出现要早于“或者”，在使用频率上远远高于“或者”，在用法上更加的多样化，而“或者”多处于主语和谓语之间，作为状语而出现，表示推测之义。如：

（19'）天或者憎秦灭其文章，欲汉兴之，故先受命以文为瑞也。（《论衡·佚文篇》）[③]

（56）或者天之未丧斯文，以是系予之命乎！（《搜神记·卷十九》）

先秦两汉时期也有几例“或者”连在一起用作无定代词。但我们认为，此处“或者”的指代用法不能解释为是由“或者”的副词用法发展而来的，如果是词语的语法化所致，那么其意义上要更加的虚化，但很显然代词比副词在意义上更加实在。据我们推测出现这一用法的原因主要有

① 姚尧：《“或”和“或者”的语法化》，《语言研究》2012 年第 1 期。

② 楚永安：《文言复式虚词》，中国人民大学出版社 1986 年版。

③ 本章例子依次排列，此处用“'”表示例子在本章中第二次被引用，如出现的“19'”表示在前文第 19 个例子中出现过，在此处又被重新引用，下文同。

两个：一是受“或”代词用法的影响，即代词“或者”来源于代词“或”；二是关于“者”，陈霞村在《古代汉语虚词类解》（1992）中认为，“者”作特指代词，经常与动词（动词性短语）、形容词（形容词性短语）、数词结合成固定结构，称为“者”字结构，很少与代词、名词结合，[①] 所以并不排除“者”与代词“或”组成凝固性不强的结构性短语。

唐宋时期，“或者”由于其出现的句法位置不同，凝固性增加，由副词性结构逐渐双音化为词，其分化为副词和代词两种用法，大多数情况下，“或者”常出现在状语的位置且大都位于分句句首，这一句法位置的词极易发生虚化，词义随之被“漂白”。如：

（57）今夫虽在外，妻尚未去，恐或者嫌犹宜周，故言与人同，则出国无服可知也。（《通典》卷九十）

但是，到了宋代，“或者”充当主语的情况增多，而且表示实在的意义，使得这一时期“或者”出现了副词和代词两种用法并存的现象。如：

（58）或者说：“葛王在位，专行仁政，中原之人呼他为‘小尧舜’。”（《朱子语类》卷一百三十三）

（59）或者又说，古者只是臣为君服三年服，如诸侯为天子，大夫为诸侯，及畿内之民服之。（《朱子语类》卷一百三十五）

之所以出现这种现象，姚尧（2012）推测宋代的一些文献，如《朱子语类》和《五灯会元》中，用作代词的“或者”频频出现，并非是上古阶段“或者”的直接继承，而是方言或个人语言风格的体现。我们认为此种说法欠妥，其一是上古阶段的“或者”也有个别代词用法的用例；其二是个人语言风格和方言受多种因素的制约，有时难以找到客观依据。因此，不排除这一时期的代词用法是先前用法的一种发展。

元明清时期，“或者”常处于状语的位置，并常与“也不可知”“或”“或是”“或者”等搭配使用。但本时期的“或者”用于主语位置的用法不太常见，反而是用作连词的情况迅速发展，如例（62）。我们认为，出现这

① 陈霞村：《古代汉语虚词类解》，山西教育出版社 1992 年版。

一情况的原因是由于“或者”代词用法虚化造成的。具体来说，“或者”句法位置常位于句首，且随着本阶段人称代词使用的多样化，使得代词“或者”逐渐失去核心意义，并发展为表示选择关系的连词。如：

(60) 若请个明医来看，或者还有救星也不可知。(《醒世姻缘传》第十八回)

(61) 或者他又带到别处去看，也难说的。(《二十年目睹之怪现状》第三十二回)

(45’)为甚不去告诉了他，等他或者控告，或者自己去追究，岂不是件好事？(《二十年之目睹怪现状》第六回)

(62) 只因为或者自己曾经赏识过他的，或者同僚中有人赏识过他的，一时同他认起真来。(《二十年目睹之怪现状》第二十二回)

在现代汉语中，“或者”继续保持副词和连词的两种用法，“或者……或者……”构式的选择构式义更加明确。无论哪种用法，“或者”都不再表示实在意义，多是在句法环境中处于次要位置。在《汉语复句研究》(2001) 中，邢福义认为，连词“或者”表示三类选择关系：一是可能性选择，二是交替性选择，三是措词性选择。①

在现代汉语中单用或多用的“或者”仍有语法化程度高低之别，学者们普遍认为单用时“或者”的语法化程度更高些，连词性功能更强，“或者”连用比单用在对语句要求上要更为苛刻些。周有斌（2002）认为，根据选择项的性质，“或者”的单用可分为两大类型：句内单用和句间单用。② 这种情况下的选择连词“或者”承担的语法功能是不能忽视的。我们认为，“或者……或者……”构式作为一个整体，其意义和形式的互动关系完全依赖成分，更具有选择项的焦点标记作用，这是构式赋予的新的功能。

由以上分析可知，“或者”在句法位置中处于句首位置且不具有实在意义时，是极易虚化的，因此，句法位置的改变是造成其连词化的主要动因。

---

① 邢福义：《汉语复句研究》，商务印书馆 2014 年版。

② 周有斌、邵敬敏：《“或者”单用、与多用的条件制约》，《语文研究》2002 年。

其次，从韵律因素和使用频率来分析。先秦两汉时期，“或者”是一个副词性结构，由于汉语语音系统中最基本的音步是两个音节，所以在历史的发展过程中，随着使用频率的不断增加，“或者”打破了跨层结构的束缚，而逐渐由副词性结构凝固为副词，再到受“或”的影响产生代词用法，进而出现副词和代词并存的用法，而后代词虚化为连词，到了现代汉语中，固定为连词和副词两种语法。石毓智在《语法化理论——基于汉语发展的历史》（2011）中指出经常在一起出现的两个单音节词之间的关系就会改变，产生两种后果：一是他们之间的边界弱化或者消失，从而形成一个新的结构体；二是当两个音节结合成一个整体时，后一个音节容易弱化而成为一个语法标记。[①] 我们认为，“或者”的连词用法就比较符合边界的弱化或消失，因为代词“或者”的高频使用，其结果必然会导致“或”和“者”的指代用法被弱化，并最终凝固成为一个连词。

二 “或者”句式演变的动因

语法化是一个新兴语法手段产生的历时过程。沈家煊（1994）认为，语法化本身是历时的过程，研究这一过程主要有两条路子：一是着重研究实词如何虚化为语法成分，另一条着重考察章法如何转化成为句法成分和构词成分。[②] 龙国富（2013）指出，跟词汇项语法化一样，构式也可以语法化，在语法化过程中，构式的语法化是显现的，既包括从无构式义到有构式义，又包括从实的构式义演变为虚的构式义。[③]

我们认为，应从重新分析、语义环境以及使用频率等方面对“或者”构式演变的动因进行分析。

首先，从重新分析的角度来看。先秦时期，“或者”用于“S+或者+VO”[④] 结构中，其意义表示的是一种可能性推测。这一时期，我们在北大CCL语料库中只检索到1个用例。如：

(6’)今之城者，或者操大筑乎城上。（《吕氏春秋·不屈》）

---

① 石毓智：《语法化理论——基于汉语发展的历史》，上海外语出版社2011年版。

② 沈家煊：《“语法化”研究综观》，《外语教学与研究》1994年。

③ 龙国富：《“越来越……”构式的语法化——从语法化视角看语法构式的显现》，《中国语文》2013年第1期。

④ “SVO”结构表示“主语—谓语—宾语”的语言类型，下文同。

“操”为动词，此句中主语的位置被“或者”所占居，仍旧满足汉语的“SVO”语序，此处的“或者”理解为代词更为合理。

汉魏时期，副词“或者”仍处于“S+或者+VO”结构中。“或者”用作代词的情况有所提升，但并不显著。唐宋时期，“或者”依然用作副词，但在宋代，“或者”的代词用法频繁出现，这一时期常见的句式为“或者+VO”。如：

(30’)或者说如此，但其家子孙自认是它作。张纲后来作参政，不知自认与否？(《朱子语类》卷七十八)

明清时期，“或者”句式呈现对举的格局，多是“或者+VP，或者+VP”形式，这一结构的出现使得“或者+VO”句式语法化进程加快，而且“或者”用作代词的频率大大减少，“或者”引领的小句“或者+VO”不再作主要成分，出现了句法功能的降级，语义上主观性加强，表纯粹选择关系的用法出现，并在此基础上进一步发展和凝固为“或者……或者……”构式。

(63) 德泉道：“只管到市上去看看，或者有个空房子，或者有店家召盘的，都可以。”(《二十年目睹之怪现状》第三七回)

(64) 他们将会装着兴高采烈，或者邀请他到什么地方去，或者寻找这种理由阻止他出门。(余华《四月三日事件》)

其次，在语义环境上。我们认为，这一构式的语法化与其在唐宋时期形成的“或者+VO”结构有着密切的关系。句法结构的变化必然会导致语义的变化，在小句“或者+VO”结构的基础上，发展出了“或者+VP，或者+VP”对举的形式，表示“有的……有的……”之义，这种对举结构的语义环境使得“或者……或者……”构式隐含的列举选择项的功能找到了可以依赖的语义环境。随着“或者+VP，或者+VP”结构的进一步语法化，到现代汉语阶段，“或者……或者……”构式逐渐成熟，并固定下来。

最后，“或者……或者……”构式的高频使用也是促发该类格式走向成熟、走向固定化的一个重要原因。

第五章

选择复句关联标记“要么”的历时研究

邢福义先生对“要么”标记的选择复句研究较早，他在《汉语复句研究》（2001）一书中对选择复句中“要么”句式的作用、使用情况进行了分析。受构式语法理论的启发，我们认为，对于“要么”类构式的研究，应该将其看成一个整体，从整体意义上进行把握。也就是说，“要么”类构式的语义无法从其构成成分中推导出来，该类构式具有自身独立的构式义。

“要么”虽是现代汉语选择复句中一种重要的关联标记，但它作为选择连词来使用的时间并不长。从其最初产生到最后固化为表选择义的连词期间经历了明清和民国两个阶段。

第一节 “要么”句式的演变历程

通过对“北京大学中国语言学研究中心古代汉语语料库（CCL）”的检索，我们共检索到含有“要么”的用例18条。其中明代含有“要么”的例子有5个，清代有7个，民国时期有6个。

一 明代

本阶段的“要么”全都用在问句的句尾，表示疑问或反问的意思。如：[①]

（1）美人指着问程宰道：“你可要么？”（《二刻拍案惊奇》卷三

① 本章语料均来自北京大学中国语言学研究中心CCL语料库，例句后均有具体出处。

十六）

（2）周秀才道：“小生本处人氏，姓周名祖荣，因家业凋零，无钱使用，将自己亲生情愿过房与人为子。先生你敢是要么？”（《今古奇观》第十卷）

（3）孙氏骂道：“没的放那老砍头的臭屁！俺闺女臭了么？瘸呀？瞎了呀？再贴给一个！有这们个闺女，我怕没人要么？”（《醒世姻缘传》第七十二回）

（4）狄监生的娘子合小的往前赶船，赶到淮安没赶上，没的小的的工钱行李不要么？（《醒世姻缘传》第八十八回）

通过梳理，我们发现，上述用例均用于口语中，并且放在句尾，用一种疑问或反问的语气来寻求听话人的反应。例句里的“要么”中的“要”作为实义动词，“么”放在句尾，没有实在意义，只起到标记疑问语气的作用。所以，本时期的“要么”还不是一个凝固的结构，只是为了语用的需要而形成的临时组合，“要”在句子中用作谓语。

在明代，“要么”作为线性组合最早出现，虽然在结构上不在一个层面上，但已常在语言线性顺序上相邻。这一时期的“要么”是由实义动词“要”和虚词“么”组成的相邻结构体，“要么”实际上是一个跨层结构，尚未凝固。此外，本阶段“要么”参与的句子形式常为“N/NP+要+么？”。

二　清代

在北大语料库中，这一时期“要么”出现的例句共有7例，除1例“要么”不是出现在句尾表示疑问或反问的意义外，其余6例均置于问句的末尾。如：

（5）人家好意送给我一个姨娘，难道我好意思说我怕老婆，不敢要么。（《二十年目睹之怪现状》第五十二回）

（6）你只晓得你做老爷的性命要紧，可也想到我们做下人的，性命更比你重要么？（《八仙得道》第九十六回）

（7）知县大喝道：“这老奴才满口胡说！你当这银子是本县要么？”（《绿野仙踪》第二十二回）

以上“要么”延续明代的用法，依旧是附属在疑问句的句尾，作为一种跨层结构使用，尚不是一个凝固的结构。另外，有1例放在分句句首，并不表示疑问。如：

（8）却不道这等地方，要么不用世家旗人去，用世家旗人，不用你这等年轻新进，用什么人去？（《儿女英雄传》第四十回）

例（8）中的“要么”用在分句句首，通过上下文语义的推理，我们可以分析出在这一句子中“这个地方，存在两种情况，一是不用世家旗人；二是如果用世家旗人，就会用年轻新进的人”。此例中的“要么”处于跨层结构向凝固结构的过渡阶段，这种出现在分句句首，用来关联句子的“要么”非常接近连词的用法。

由上可见，清代的“要么”基本沿用明代“要么”的基本句式“N/NP+要+么?”，“要”与前文中的“N/NP”结构是一种主谓关系，“么”附着在句子后面，用来表示疑问语气。只是例（8）中“要么”在整个句子中的语法位置发生了位移，从一句话的末尾移到了分句句首，句法位置的改变必然带来语义和语法功能上的变化。首先，变化最大的是“么”，此处的“么”表示疑问的语法意义逐渐丧失，只附着在“要”后，用来凑足音节。其次，在语义上“要么”关联的分句之间含有选择的意义。因此，此阶段是“要么”语法化的萌芽阶段。

三　民国

本阶段含“要么”的句子共6例，“要么”所处的位置，其中2例用于分句句首，其余4例均置于疑问句的末尾，并作为跨层结构来使用。如：

（9）我们五个手无寸铁，怎样可以前去劫狱。要么速去报知杨秀清去，瞧他怎样办法。（《大清三杰》第八回）

（10）闳孺道：“这还不好，太后倘若知道，微臣吃罪不起，要么可使臣妇扮作男子，偕臣进来，方才万无一失。”（《汉代宫廷艳史》第二十四回）

以上列举了两例“要么”放在句首的例子，与放在问句句尾的“要么”相比，这一位置的语言成分极易发生虚化，其逐渐从跨层结构向双音词转化，凝固性增强，“么”的语法意义也基本消失，这两处的“要么”已基本凝固成为一个连词，而且含有建议的意思，这与现代汉语中“要么”的用法基本相近。

本阶段与清代相比较，“要么”在使用频率和主要用法上变化不大，其主要用于“N/NP+要+么?”句式中，“要么”置于句首的用法仍在继续发展。

四　现当代

随着汉语自身的发展以及受西方语法理论的影响，汉语发展经历了较大的调整，“要么”类句子的使用频率逐渐上升。在北大语料库中，“要么”一般以双用的形式关联选择关系句式，在语义上表示一种非此即彼的关系，但也有少量仍作为跨层结构使用的用例，不过在现代汉语中不太常见。而处于句首的“要么”逐渐语法化为一个凝固的无实在意义的选择连词。如：

(11) 这儿的家你不要么？（曹禺《雷雨》）

(12) 妈，我不要罢，平时不是一样地要么？再说我已经渐渐长大了。（缪从群《守岁烛》）

(13) 恐防你们看不懂的，要么，就拿去。（夏丏尊《鲁迅翁杂忆》）

通过考察北大语料库，我们在现代文学作品中共检索到四例“要么”的语料，其中以上三例表达“希望得到吗”的意思。还有一例是“要么”双用表示选择的意思，即“要么嬉皮笑脸，要么哭天抹泪”。当代作品中“要么”已经凝固为一个连词，“要么”双用的情况比例远远超过单用和多用。如：

(14) 欧阳莫一会搬回来一台电唱机，一会搬回来一套精装书籍，要么是“鲁迅”，要么是“屠格涅夫”。（严歌苓《一个女人的史诗》）

（15）在这种情况下人根本没法正常思考，要么随大流赶紧把钱砸下去，要么你就急流勇退。（六六《蜗居》）

（16）没事的时候要么看电视，要么搞电脑，我来一看，家里灰都落老厚。（六六《双面胶》）

（17）他知道他要么就入伙，要么就断然拒绝，不容许他想下水又怕湿脚。（姚雪垠《李自成》）

（18）两条路：要么，妈你们接走住去，要么，房子归我，妈跟着我过。（徐坤《热狗》）

（19）要么永不相遇，要么永不分开，没有别的选择。（百合《哭泣的色彩》）

很明显，“要么”双用常用来标记两个分句，而且表示两者只能取其一。如例（14），欧阳莫搬回来的精装书籍有的是鲁迅的，有的是屠格涅夫的，不可能存在第三个人的；例（15），在没法正常思考的情况下，只有两种选择，要么进，要么退；再如例（18）、例（19）中的语义表达更强烈，语用特征明显，就是两个选择，没有商量的余地，所以其展示出的语用特征就是凸显强烈的主观选择意愿。

在我们检索到的166例“要么”双用或多用的例子中，出现了10个“要么”多用和“要么”与“还有”“或者”搭配使用的例子。如：

（20）他们几年前要么对他那样的诗人嗤之以鼻要么避之不及，还有的干脆是压制和扼杀的态度。（刘心武《多桅的帆船》）

（21）咱们跑！跑得远远的，要么到郑州、要么到北京、要么到广州去打工，让他们找不着。（周大新《湖光山色》）

（22）但那都是些什么企业？要么国家支柱企业，要么合资企业，要么私营企业，和大部分工人不相干呢？（池莉《你以为你是谁》）

（23）新的头头更识货，要么上交给文物单位，要么私藏家里，甚至趁机捞点实惠卖掉。（李承鹏《寻人启事》）

（24）许多中国家庭在对待孩子的问题上，要么溺爱，要么打骂，或者高兴时就溺爱，不高兴时就打骂。（韩仁均《儿子韩寒》）

“要么”构式表达选择意义，双用的时候强调的是一种非此即彼的选择，而多用的时候则倾向于列举选择的范围项。如例（21），可以跑的地方有很多，这里是在列举选择的范围。通过对以上用例的对比分析，我们发现，“要么”多用时所关联的几个选择项，越靠后的选项所表达的语义在程度上越深。如例（23），由“上交文物单位”到“私藏家里”再到“甚至趁机捞点实惠卖掉”所表达的语义在程度上逐渐加深，层层递进。

本阶段的“要么”已经凝固成为一个连词，用来关联选择句式。当“要么”构式双用时，让人从中选择，有非此即彼的意思。其句子形式为“要么+选择项，要么+选择项”；当“要么”构式多用时，“要么”主要用于“要么+选择项一，要么+选择项二，要么/还有/或者+选择项三”这样的句式中，此时的选择项就没有强烈的非此即彼的语义了，而是提供了可供选择的范围，选择语义的程度降低。朱军（2010）认为，构式具有规约作用，构式与成分之间是一种互动关系，构式的形式与语义以其成分的存在为基础，但也不完全依赖成分，具有一定的独立性。我们认为，在“要么”构式中，“要么”作为标记词，其主要功能是用来关联选择项。

综上所述，针对“要么”句式的历史演变，我们得出以下两点认识：

其一，“要么”最早出现在明代，是一个跨层结构，“要”和“么”属于两个不同的词；清代，多数“要么”还属于跨层结构，但少数的“要么”，其句法位置得以改变，作为跨层结构，“要么”有凝固化的趋势；近代，“要么”的变化不大，凝固化趋势继续发展；现当代，“要么”最终凝固成为一个关联选择项的连词。

其二，在明代，“要么”所处的句子格式都是“N/NP+要+么?”“要么”属于跨层结构，其中“要”为表实义的动词，而“么”为表疑问语气的虚词。清代至民国，“要么”所处的句子格式为“N/NP+要+么?”，但有个别“要么”位移到分句句首。到现当代时期，当“要么”双用时，在语义上非此即彼，其句子格式为“要么+选择项，要么+选择项”；当“要么”多用时，其所处的句子格式为“要么+选择项一，要么+选择项二，要么/还有/或者+选择项三”。

第二节 “要么”句式的演变动因

研究发现，连词“要么”的形成经历了较长的发展演变过程，从最初的跨层结构到凝固为选择性连词，这中间涉及连词“要么”的语法化和“要么”构式的语法化。在历史上，一些松散的篇章组织随着使用频率的增加可以变成一个相对稳定的句法格式，新的格式的出现又会转而诱发其中词语演化成一种语法标记，[①] 本节重点讨论“要么”构式的语法化。

《现代汉语词典》（第7版）中标明“要么”在现代汉语中只有一种用法，用作连词，表示两种情况或两种意愿的选择关系；“要不”有两种用法，其一是用作连词，表示不然、否则之义，其二是用作连词，同“要么”意思一致。语料考察表明，“要么”的连词化和“要么”构式的形成，均是语法化的结果。

一 “要么”演变的动因

史金生（2005）认为，“要么”的语法化是“要不”中“不”语音形式进一步弱化的结果。[②] 周有斌（2011）认为，选择连词“要么”是由出现在疑问句句末的“要么”移位而成。[③] 受上述思想的影响，我们查阅了《现代汉语词典》（第7版）中关于“要”的释义，有四种解释：其一是读阴平，同“邀”求或强迫之义；其二是读去声，表示重要或重要内容之义；其三是读去声，用作动词，表示希望得到、请求或助动词的用法；其四是读去声，用作连词，表示如果或要么之义。

关于“要么”语法化的动因，我们认为，这与其句法位置的改变、汉语韵律规律及使用频率等有着密切的联系。

首先，我们谈谈句法位置的影响。先说“要”的句法位置。《说文解字》中对“要”的解释为“身中也，象人要自臼之形。从臼，交省声”。“要”的这种意义是其本义，用作表示“人的腰部”的意思，置于宾语的位置，可以受形容词修饰。如：

（25）昔楚灵王好细要。（《墨子·经说》）

---

① 石毓智：《语法化理论——基于汉语发展的历史》，上海外语出版社2011年版。

② 史金生：《“要不”的功能及其语法化》，沈家煊、吴福祥、马贝加：《语法化与语法研究》（二），商务印书馆2005年版。

③ 周有斌：《谈谈“要么”的语法化》，《阜阳师范学院学报》（社会科学版）2011年第6期。

随着使用频率的增加以及“要”的句法位置的改变，“要”在语义上也发生了变化，即“要”由“人的腰部”相应地引申出“重要”和“拦截”之义。由原来位于形容词或动词之后充当名词转变为置于名词之前起修饰作用或置于主语之后作谓语。从语义上来看，“要么”的语义逐渐虚化。如：

(26) 附城郭，戒门闾，修楗闭，慎关龠，固封玺，备边境，完要塞。(《吕氏春秋·纪·孟冬纪》)

(27) 吴人要而击之，获邓廖。(《左传·襄公三年》)

魏晋南北朝以后，由“要”的动词意义引申出来的“需要”之义，由于在同一句子中的同一个位置有多个动词，因此只能有一个主要动词，其余动词处于次要地位。唐宋以后，“要”的意义进一步虚化，由实义动词虚化为能愿动词，表示“希望、想要”之义。在句法位置上“要”靠近实义动词，在句法功能上逐步向助动词的功能发展。

元明清以后，“要”作为助动词的用法更为凸显。当“要”和别的实义动词连用时，“要”在句法位置上趋于状语的位置，语义更加虚化，侧重于表达一种主观的意愿。

首先“要么”的句法位置。明代，“要么”常置于疑问句句尾，是一个跨层结构。“么”属于疑问语气词，而“要”在整个句子中充当谓语中心，具有实在意义，表达“需要”的意思。此时“要么”并不具有表示选择关系的用法。在语法化过程中，句法位置的改变，结构关系的影响是一个重要的因素。① 经历明代的发展，清代“要么”的句法位置发生了改变，从疑问句的句尾位移到分句的句首，这种句法位置的改变使得“么”丧失了其疑问语气词的语法功能，“么”在此处只表示语音上的停顿与间隔，它并不具有语法意义；而“要”位于分句句首，且与其他动词同现于一个句子之中，在句法地位上它退为次要成分，在语义上得以虚化，且处于词汇化的过程当中。不过，“要么”从一个跨层结构逐渐凝固成词，“要”和“么”两者之间的结构关系已经发生了变化，“么”不再依附于

① 刘坚、曹广顺、吴福祥：《论诱发汉语词汇语法化的若干因素》，《中国语文》1995 年第 3 期。

整个句子而是固定地附着于“要”后。如：

(8’)却不道这等地方，要么不用世家旗人去，用世家旗人，不用你这等年轻新进，用什么人去？(《儿女英雄传》第四十回)

现当代阶段，“要么”成对出现在分句句首，更多地在句子中起连接作用，这种句法位置的进一步改变促使“要么”从跨层结构向连词进一步发展演变。如：

(28) 县人事局的意见，要么无法安排，退回市里，要么服从分配，去县计经委，由计经委再分配。(陆步轩《屠夫看世界》)

董秀芳（2002）认为，由于古代汉语中主语常因在前文出现过而被省略，这样的动词前的句法位置从表层形式上看有时就是分句句首的位置，而这正是句子层次上连词出现的典型位置。① 研究发现，清代“要么”在句中的典型位置就是分句的句首，这一位置上的词语更加容易虚化为连词。从清代一直到现当代，“要么”一般处于句首位置，这个位置也是其后来词汇化为连词所处的主要位置。

其次，谈谈韵律因素和使用频率的影响。明代，“要么”是一个跨层结构，由于汉语语音系统中最基本的音步是两个音节，随着“要么”朝着双音化的方向发展，“么”逐渐变成轻声字，“要么”在这一过程中打破句法的限制，逐渐凝固为词。与此同时，其使用频率的增加在这个过程中也起到了重要的推动作用。石毓智（2011）指出，在历史上，一些松散的篇章组织随着使用频率的增加可以变成一个相对稳定的句法格式，新格式的出现又会转而诱发其中的词语演化成一种语法标记。② 随着“要么……要么……”构式在现代汉语中的高频使用，该构式在形式上逐步走向固定，“要么”也成为该构式的标记词，同时，该构式主要用来表达选择关系义。

综上所述，我们发现，“要”的语义演变符合这样一种语法理论：一

① 董秀芳：《词汇化：汉语双音词的衍生和发展》，四川民族出版社 2002 年版。

② 石毓智：《语法化理论——基于汉语发展的历史》，上海外语出版社 2011 年版。

是一些具有词汇意义的成分“虚化”为具有语法功能的成分，二是一些临时性的话语结构固定下来成为抽象的句型格式。① “要”由最初具体的“人的腰部”这个实在意义，引申为“重要”“拦截”再引申为“需要”，再进一步引申为“希望、想”，最后彻底虚化为选择类连词“要么”中的构词成分“要”。

二　“要么”句式演变的动因

关于这一句式的语法化动因问题，拟从句法位置的改变、语义环境以及使用频率上进行分析。

首先，在句法位置方面。“要么”构式出现较晚，明代“要么”构式才得以出现，且多为“N/NP+要+么?”格式，“要么”置于句尾。这一时期“要”作为谓语成分，属于句子的主要成分。明清时期，含有“要么”的句子在形式上都很简单，通常在“要”之前都会使用助动词“可”“敢”等，它们均用来修饰主要动词“要”。如：

(1’)美人指着问程宰道：“你可要么?”(《二刻拍案惊奇》卷三十六)

(5’)人家好意送给我一个姨娘，难道我好意思说我怕老婆，不敢要么。(《二十年目睹之怪现状》第五十二回)

近代以来，“要么”的句法位置发生了变化，由疑问句句尾位移至陈述性分句的句首位置。如：

(9’)我们五个手无寸铁，怎样可以前去劫狱。要么速去报知杨秀清去，瞧他怎样办法。(《大清三杰》第八回)

到了现当代，当“要么”位于分句的句首后，在句法形式上常出现对举情况，这样就使得“要么”所关联的分句在句法功能上出现降级，不再是一个句子中的主要成分，因有了并列成分的出现，主要句法功能被分担。并列分句间的联系更加紧密，结构上更加凝固，使得“要么”分

① 宋宣：《结构主义语言学思想发微》，巴蜀书社 2004 年版。

句逐渐固定为“要么……要么……”构式的组成成分，“要么”构式就这样应运而生。如：

(29) 因为祈祷除了一个未灭的灵魂，再无须别的条件——只希望我们要么真的决不祈祷而心安理得，要么就祈祷有辞而坚信不移。(刘心武《祈祷无辞》)

(30) 杨瑞说：“那你就赶紧下决心吧，要么买房，要么去股市抄底，总之别再傻坐着不动了。”(李可《杜拉拉升职记》)

其次，在语义环境方面。由于语法化是一个连续的渐变过程，所以句子“要么+NP/VP”的语义在这一过程中也是不断演化的，这一句子中隐含着建议义，而建议本身就是在提供一种选择。“要么+NP/VP”所出现的语义环境就是“要么……要么……”这样的对举结构环境。在现代汉语中，当“要么”进行对举时，“要么”出现在两个分句的句首，这就使得该句式出现了两种条件或建议，即提供了两种选择的可能，如例（29）和例（30）。在此语义环境中，“要么……要么……”构式逐渐凝固下来，形成两者选一的构式义，同时所表达的语义具有较为强烈的主观性。

最后，在使用频率方面。“要么”构式的高频使用是促发这一构式语法化的一个重要因素。北大语料库显示，在明清阶段，“要么”构式的用例只有 12 例，经过白话文运动之后，到现当代，“要么……要么……”构式的使用频率大幅提高，在包括使用频率在内的多重因素的共同促发下，该构式最终成为当下选择复句关系中的一个重要类型。

第六章

选择复句关联标记“是……还是……”的历时研究

21 世纪以来，构式语法成为学术界研究的热点，不少学者将语法化研究与构式语法结合起来，探求构式的发展演变过程。基于以上思想，本章拟从历时发展的角度对“是……还是……”构式进行详细描述，分析其演变过程，总结和归纳其演变的规律，并对其演变动因进行探讨。

纵观已有研究，学术界把研究的重心均放在“是”“还是”这样的单个标记上。我们认为，应将“是……还是……”看成一个构式，并从整体上去关照它。“是……还是……”是现代汉语中典型的选择疑问句式。“是……还是……”的构式义不能简单地从其组成成分中推导，该构式有其独立的构式义。

第一节　“是……还是……”句式的演变历程

考察发现，“是……还是……”句式最早在唐代开始结合使用。那么，该句式在唐代以前是通过哪种格式演变过来的？该格式的演变历程、演变机制和动因是什么？诸如此类的问题，都是本节要讨论的重点。

一　先秦两汉

向熹在《简明汉语史》（1993）中谈到了上古时期汉语的复句概况，把上古汉语的复句分为联合复句和主从复句两大类，在联合复句中谈到了选择类复句。① 他认为，联合复句中的选择式是两个分句提出了不同的判

① 从公元前十八世纪到公元三世纪，即商周秦汉时期。

断或叙述，让人们从中选择一个。在上古汉语中，选择疑问句式常用“其”“将”“且”“抑”“意”“亡”“妄”等词来标记。如：[1]

(1) 吾宁悃悃款款朴以忠乎？将往送劳来斯无穷乎？(《楚辞·卜居》)

(2) 秦之攻赵也，倦而归乎？亡其力尚能进，爱王而不攻乎？(《战国策·赵策三》)

(3) 道固然乎？妄其欺不穀邪？(《国语·越语下》)

(4) 子之义将匿邪？意将以告人乎？(《墨子·耕柱》)

以上诸例均为选择疑问句，例(1)的语义是“我宁愿忠厚诚恳，朴实忠诚呢？还是迎来送往，不使自己穷困呢？”例(2)的意思是“秦国攻打赵国，是他们疲倦退兵的呢？还是他们的能力还能进攻，只是爱护大王而没有攻打呢？”例(3)的语义是“道理本来就是这样呢？还是你在欺骗我呢？”例(4)则说的是“你的这种义将隐藏起来呢？还是将告诉别人呢？”此外，以上选择疑问句的末尾均使用了疑问语气词“乎”“邪”等。

研究表明，本时期选择疑问句常通过“其”“将”“且”“抑”“意”“亡”“妄”等词和“乎”“邪”“与”等疑问语气词搭配使用，组成一种固定结构，两个疑问分句并列使用。此外，我们发现，上古时期的选择句大多采用疑问语气，很少使用陈述语气。

先秦时期选择句的结构模式为“意(其、将、且、亡)+选择项+乎(邪、与)？意(其、将、且、亡)+选择项+乎(邪、与)？”或者是“选择项+乎(邪、与)？意(其、将、且、亡)+选择项+乎(邪、与)？”。

二 魏晋南北朝

本时期标记词的使用发生了一些变化，“其”“将”“且”“抑”“意”“亡”“妄”等逐渐被“为”“将”所替代。随着汉语双音化趋势的发展，“为”与“是”“当”“复”等结合为双音的结构，共同来标记选择问句。如：

① 本章语料均来自北京大学中国语言学研究中心CCL语料库，例句后均有具体出处。

（5）王江洲夫人语谢遏曰：“汝何以都不复进，为是尘务经心，天分有限？”（《世说新语·贤媛》）

（6）未详毁灵立庙，为当它祔与不，辄下礼官详议。（《宋书·礼志四》）

（7）王敬仁闻一年少怀问鼎，不知桓公德衰？为复后生可畏？（《世说新语·排调》）

以上例子均为“为是”“为当”“为复”单用的例子，“为是”“为当”“为复”用于两个选择分句中的一个。再如：

（8）尊者何求故屈到此，为须衣邪，为须食乎？为复求须其余诸事？（《佛本行集经》卷九）

（9）敢问答之为言，为是相对，为是相背，相背则社位南向，君亦南向，可如来议。（《全梁文·卷四十九》）

（10）未审既无异质，而有二义，为当义离於体？为当即义即体。（《全梁文》卷二十一）

（11）高祖曰：若然，将以何事致之，为欲修身改俗？为欲仍染前事？（《魏书·列传》卷九）

以上例子属于“为是”“为当”“为须”“为欲”等双用的例子，“为是”“为当”“为须”“为欲”等常用于两个选择问句的句首，表达“是……还是……”的意思。此外，本时期还出现了多项选择的用法，这是语言发展精密化的体现。如：

（12）为当命化零落，为当身化黄泉，命从风化，为当逐乐不归？（《敦煌变文集·秋胡变文》）

在句法形式上，用三个“为当”标记三个选择项。这一特点与先秦两汉时期有着很大的差别。

总之，本阶段的选择问句格式主要为“为（将、为是、为复、为当）+选择项+乎？为（将、为是、为复、为当）+选择项+乎？”以及变体“为（将、为是、为复、为当）+选择项（，/?[①]）为（将、为是、为复、为当）+选择项?”或“选择项? 为（将、为是、为复、为当）+选择项?”。这一时期是选择疑问句形式的初步发展期。

三 唐宋

唐宋时期，是选择问句发展变化的关键阶段，这一时期新旧标记词并存。本时期在句式上变化不大，标记词方面，多为“为是”“为当”“为复”，双用情况较多，常见于佛经语录中，“是”“还是”开始进入这一句式中。如：

（13）更有小事，合具上闻，将这国为当要贫道身？为当要贫道业？（《敦煌变文选》）

（14）为是上界天帝释？为是梵众四天王？（《敦煌变文集·功德意供养塔生天因缘变文》）

（15）一切人佛性，为复一种，为复有别？（《祖堂集》）

本时期，“为复”的使用频率最高，“为是”次之，“为当”最少。在我们所搜集的语料中，疑问语气词“乎”“邪”“与”等基本退出选择疑问句的使用范围。

这一时期，判断动词“是”在本时期与“为复”“为当”组合成“为复是”或“为当是”，这为判断动词“是”进入选择疑问句做了前期准备工作。如：

（16）为复是逢强即弱？为复是妙用神通？（《五灯会元》卷十七）

（17）有一句子，如百川水。为当是一句，为当是三句？（《祖堂集》）

需要特别说明的是，唐宋时期的选择疑问句除了延续汉魏时期的基本特点外，唐宋交接之际，还出现了新的形式。判断动词“是”进入选择

① 此处的“,”或“?”表示句子的停顿或语气作用，下文同。

句中，关联词“还是”也出现在选择句中。本时期“是”和“还是”有时搭配使用，组成“是……还是……”的形式，有时“还是”自己对举，组成“还是……还是……”的形式。唐五代时期这一用法还不很明显，只是一个萌芽的阶段，“是”和“还是”的搭配凝固性不强，所以表示的选择意义也不是很明显。如：

(18) 去心既是病，摄来还是病，去来皆是病。(《神会语录》)

由上例可知，判断动词“是”的判断义很强，“还是”在此处的意义接近“依旧”的意思，此例表达的意思是“无论是去还是来都是病”。在此例中没有表示疑问选择的意思，所以，唐五代以前“是”“还是”并没有作为选择疑问句的标记词而被使用，这一阶段选择类标记词仍然以“为复”“为当”“为是”等为主。

北宋时期，“是……还是……”格式、“还是……还是……”格式和“是……是……”格式等表示选择疑问句的用例开始增多，表示选择的意义明显增强。如：

(19) 问：“上蔡谓‘礼乐之道，异用而同体’。还是同出于情性之正？还是同出于敬？”(《朱子语类》卷二十二)

(20) 问：“‘知皆扩而充之矣’，‘知’字是重字？还是轻字？”(《朱子语类》卷五十三)

(21) 还当自家要做什么人？是要做圣贤？是只要苟简做个人？(《朱子语类》卷一百二十一)

在我们所考察的《朱子语类》中，“是”和“还是”共出现31次，其中用于选择疑问句的21例，在这21例中“是……还是……”格式占12例，“还是……还是……”格式占8例，“是……是……”格式占1例。可见这一时期，“是……还是……”开始蓬勃发展。

另外，考察还发现，本时期，疑问语气词“乎”“邪”“与”基本很少使用，这一时期是“是……还是……”构式发展的关键时期，该格式既是对先前句式的继承，自身又有所创新，起到了过渡的作用，同时“是……还是……”构式在使用频率上有增长的势头，只是这一时期判断动词“是”还没有虚化为连词。

本阶段“为”字类选择连词表示选择疑问句的用例占主导地位，本时期主要的选择句形式为“为当（为复、为是）+选择项？为当（为复、为是）+选择项？”，句尾疑问语气词“乎”“邪”“与”很少使用。“是”“还是”在句中充当句子成分，表示实在的判断义，不过“是”“还是”已经开始朝着关联标记的方向发展。

四 元明清

本阶段，在用法上，“是……还是……”构式已经接近现代，同时“是”“还是”逐渐替代了“为”字类选择连词的地位；在疑问语气词的使用上，开始出现了新的疑问语气词，如“啊”“么”“哩”等，比较偏向于口语。具体来说，判断动词“是”出现在选择疑问句中，并与“还是”搭配使用，替代先前的“为”“将”等一系列选择连词。这是一个逐渐替代的发展过程。“是……还是……”构式在元代文献中使用频率并不高，我们在《老乞大新释》中共检索到4例，其中3例都使用了疑问语气词。如：

（22）你这样学中国人的书。是你自己要去学来啊。还是你的父母教你去学的么。（《老乞大新释》）

（23）那酒要热吃么。还是凉吃呢。（《老乞大新释》）

（24）你的马是家中养的么。还是买来的啊。（《老乞大新释》）

（25）你要的是虚价。是还是实价。（《老乞大新释》）

在元代，“是……还是……”构式用例虽然不多，但在形式上呈现多样化的态势。以上例子中出现了“是……还是……”“还是……是还是……”以及“还是……”单用的形式，再加上句尾疑问语气词使用的差异，该构式形式上趋于多样化。以上例子比较全面地反映了当时“是……还是……”构式的使用情况。

到明代，“是……还是……”构式使用频率大幅提升，在语义方面也开始呈现出多样化的趋势，除了继承先前表示选择意义的用法外，还派生出了表示延续、递进、进一步说明的意义，这使得“是……还是……”构式展现出极强表现力，所以该构式在语言发展的历史长河中得以保留和发展。

在我们所考察的《纪效新书》《万历野获编》《三国演义》《三宝太

监西洋记》《二刻拍案惊奇》《今古奇观》《初刻拍案惊奇》《包公案》《喻世明言》《夏商野史》《封神演义》《水浒全传》《续英烈传》《英烈传》《西游记》《警世通言》《醒世姻缘传》《醒世恒言》和《金瓶梅》19部文献中，“是……还是……”和“还是……还是……”作为一组关联词语使用的例子一共有68例，再加上5例“还是……”单用的例子，共计73例。“是……还是……”构式在构成选择疑问句的方面有着压倒性的优势。为了更加清晰地反映本时期的组配情况，将具体数据列表如表6-1。

表6-1　明朝时期“是”“还是”的组配情况

	是……还是	还是……还是
纪效新书	0	0
万历野获编	0	0
三国演义	0	0
三宝太监西洋记	5	19
二刻拍案惊奇	0	1
今古奇观	0	4
初刻拍案惊奇	2	6
包公案	1	3
喻世明言	0	2
夏商野史	0	1
封神演义	0	2
水浒全传	0	0
续英烈传	1	1
英烈传	0	2
西游记	1	4
警世通言	1	2
醒世姻缘传	4	1
醒世恒言	1	4
金瓶梅	0	0
合计	16	52

再看下面的例子：

(26) 佛爷道：“张大仙，你还是有相识的？你还是有知心的？”

(《三宝太监西洋记》三)

(27) 金天雷说道:“好奇也,我这一百铙还是打钟哩?还是炼铜哩?”(《三宝太监西洋记》二)

(28) 国师晓得路程,还是自家走过来?还是书上看见来?(《三宝太监西洋记》第十四回)

(29) 察院问道:“你是童氏的左邻,还是右邻?”(《醒世姻缘传》第八十二回)

(30) 吕公又问道:“令孺人何姓?是结发还是再娶?”(《警世通言》第十二卷)

(31) 番王道:“投降还是怎么的样儿?”(《三宝太监西洋记》二)

(32) 小娘子道:“晚间还是我到你书房来,你到我卧房来?”(《今古奇观》第三十九卷)

以上例句均表达选择的意义,分别用“是”“还是”标记选择项,双用时以明示的方式将选择项标记出来;单用时,以明示的方式将其中的一个选择项标记出来,另一项则被暗含在句子中。具体来说,例(26)、例(27)、例(28)是用“还是……还是……”标记选择项;例(29)、例(30)用“是……还是……”标记选择项;例(31)、例(32)则单用“还是”标记选择项。再看:

(33) 这虽然是戍边之功,实际上是恩泽,而且还是王振所建议的,不值得为训。(《万历野获篇》补遗卷二)

(34) 那家子听言,都说是神仙,八戒道:“我们虽不是神仙,神仙还是我们的晚辈哩!”(《西游记》第五十八回)

(35) 薛三槐娘子道:“这不是程师娘又不得来?还是狄大娘你自家去好。”(《醒世姻缘传》第五十九回)

以上例子中的“是……还是……”构式并不表示选择的意思,而是表示递进、进一步说明或增添了其他意思。如例(33)中说的是“王骥南征麓川,第二年就被拜封赏赐了莽衣,这虽然是戍守边疆的功劳,实际上是恩泽,而且还是王振建议的”,用“还是”进一步说明赏赐的原因;

例（34）中八戒虽说他们不是神仙，但是用“还是”进一步说明神仙是他们的晚辈；例（35）薛三槐娘子认为铺床是大事，但是程师娘又请不来，用“还是”进一步增添狄大娘不得不去的理由。

“是……还是……”构式除了以上表示选择和递进的意思外，还表示延续义，说明前一情况或状态还在继续发生。如：

（36）国师老爷慢慢的大摇大摆，还是那个毗卢帽，还那个袈裟，还是那个钵盂，还是那个锡杖。（《三宝太监西洋记》二）

（37）行者道：“他如今是个病君，死了是个病鬼，再转世也还是个病人。”（《西游记》第六十八回）

（38）莫翁虽是没奈何嫁了出来，心里还是割不断的。（《二刻拍案惊奇》）

考察发现，“是……还是……”句式、“还是……还是……”句式以及“……还是……”句式除表示选择意思外，还可以表延续和递进。为了直观显示每个句式的表义情况，统计列表如表6-2。

表6-2　明朝时期各句式的表义情况

	表选择	表延续	表递进
是……还是……	29	11	18
还是……还是……	51	1	0
……还是……	5	0	0

由上表可知，“是……还是……”句式在表义方面存在较大差异，三类句式均在表达选择意义方面具有压倒性优势。“是……还是……”句式既可以表达选择义，还可表达延续义和递进义；“还是……还是……”句式在表达选择义方面具有绝对优势，另外还有极少数情况表达延续义；“还是”单用句式只用来表达选择义。可见，明代选择疑问句的标记以“是……还是……”“还是……还是……”和“还是”为主，此外，这一时期没有使用疑问语气词的用例。

清代秉承前代的用法，只是这一时期各句式在使用频率上发生了很大的变化，“是……还是……”句式的使用频率上升，而“还是……还是……”句式的使用受到较大限制。本时期，我们考察了《曾国藩家书》

《七侠五义》《七剑十三侠》《三侠剑》《九尾龟》《乾隆南巡记》共6部文献，为了更加清晰地反映本时期的组配情况，列表6–3。

表6–3 清朝时期“是”“还是”的组配情况

	是……还是	还是……还是
曾国藩家书	4	1
七侠五义	18	4
七剑十三侠	4	4
三侠剑	45	5
九尾龟	0	18
乾隆南巡记	6	4
合计	77	36

再看下面的例子：

(39) 但不知道黄氏兄弟，何时进京，又不知道家里是专人送到省城的，还是托人顺带？(《曾国藩家书·劝学篇》)

(40) 博士暗想道：“此位是吃茶来咧，还是私访来咧？”(《七侠五义》第二十八回)

(41) 小儿黄三太，咱们是在这儿打呀，咱们还是找宽阔地方去呢？(《三侠剑》第二回)

(42) 你是单打独斗哇，还是群殴？(《三侠剑》第二回)

以上例子用“是……还是……”来标记两个显性选择项，列出两种选择情况。本时期的疑问语气词虽然使用不多，但是较明代时期有所改变，有些语句中会使用“咧”“呀”“呢”“哇”等疑问语气词，这体现出口语交际中的活泼性。“是……还是……”句式一般都有两个选择项，但有时会出现两个或两个以上的选择项，这时候可供选择的情况比较多，每一项的选择概率就会降低，选择的主观性就没有那么强烈了。如：

(43) 花冲说：“你是自小儿出家，还是半路儿呢？还是故意儿假扮出道家的样子，要访什么事呢？”(《七侠五义》第六十六回)

(44) 金头虎说道：“是什么驾？是王八呀，还是甲鱼呀？”(《三侠剑》第二回)

(45) 但是不知道就是萧银龙一人前来，还是另有别位？或是有镖行之人呢？(《三侠剑》第三回)

(46) 朋友，贵府是广东，是省城，还是外府？(《乾隆南寻记》第五十七回)

"是……还是……"句式标记多个选项的用例并不多见，多用三个关联词语来标记选择项。常通过"是""还是"的重复来标记，有时还与"或是"搭配使用，做出一种可能性的判断。另外，这一时期的"还是……还是……"句式使用频率有所下降，该句式在表义功能上单一化，主要表示选择的意思，有时在句尾使用疑问语气词"呢"等。

(47) 兄弟既来了，还是要见王爷，还是不见呢？(《七侠五义》第十七回)

(48) 你们三位还是自己走，还是用喽卒们搭着呢？(《三侠剑》第七回)

(49) 你还是当真到上海县去，还是说着大话吓人？(《九尾龟》第二十八回)

本时期我们考察了《曾国藩家书》《七侠五义》《七剑十三侠》《三侠剑》《东度记》《九尾龟》《乾隆南巡记》共7部文献，检索到166个"是……还是……"和"还是……还是……"的用例。为了比较直观的反映当时各句式的表义情况，列表如表6-4。

表6-4　清代各句式形式的表义情况

	表选择	表延续	表递进	表转折
是……还是……	92	12	25	2
还是……还是……	35	0	0	0

由上表可知，清代，在表选择意义的方面，"是……还是……"句式已远远超过"还是……还是……"句式；在使用频率和表义多样化方面，"是……还是……"都展现出蓬勃发展的势头。

元明清时期，"是……还是……"构式开始呈现出迅速发展的态势，使用数量持续上升，在表义多样化的同时，与"还是……还是……"构式相比，其用法更加明确地偏向选择义。这一阶段的选择疑问句的句子形式为“是（还是）+选择项+哩（呀、咧、哇、啊）（，/?）是（还是）+选择项+哩（呀、咧、哇、啊）（。/?）”“是（还是）+选择项（，/?）是（还是）+选择项（。/?）”“选择项+哩（呀、咧、哇、啊），是（还是）+选择项+哩（呀、咧、哇、啊）（。/?）”等。

五 现当代

本阶段，汉语经历了大的变革，随着社会的进步、人们认识的提高，语言的发展呈现前所未有的态势。在这一语言发展的历史大潮中，“是……还是……”构式顺应了人们交际的需要，展现出极强的优势和包容性，该构式成为选择疑问句的一种非常重要的句子格式。

我们对北京大学中国语言学研究中心现代汉语语料库中的“是……还是……”和“还是……还是……”进行了检索，归纳整理出149个例子。在149个例子中，“是……还是……”表示选择用法的有109例，其中10例为多用的形式，而“还是……还是……”表选择用法的只有4例。如：

（50）坐下谈谈吧！你们是要命呢？还是要现大洋？（老舍《茶馆》）

（51）你是愿意带着二立看看西安市去呢，还是帮助他写写材料？（老舍《西望长安》）

（52）他究竟是为了顾全绅士的面子而死，还是因为不能够忍受未来的更痛苦的生活。（巴金《做大哥的人》）

（53）不管他是男还是女，我会一拳打得他眼里冒金星！（老舍《残雾》）

（54）无论是傍晚还是深夜，它们老这么叫三下。（老舍《清蓉略记》）

一般情况下，“是……还是……”构式标记两个分句，如例（50）—例（52）中“是”和“还是”标记两个分句在整个句子中作谓语成分；但也有时候“是……还是……”构式前面会加上表示条件的关联词语“不管”“无论”等，这时候“是……还是……”构式往往置于表条件关系的偏句中，如例（53）、例（54）。

而“还是……还是……”构式的使用频率急剧下降，表示选择关系的用例也在不断减少，甚至为“是……还是……”构式所替代。如：

（55）看看还是我对，还是把女儿关在家里对？（曹禺《雷雨》）

（56）我对于人生所以不离开道德的缘故，有两种设想：究竟还是不能呢？还是不可呢？（俞平伯《我的道德谈》）

（57）请问那种学堂的音乐，还是可以增进“美感”呢？还是可以增进音乐知识呢？（胡适《归国杂感》）

以上为“还是”双用表选择意义的用例。除以上检索到的3例“还是”双用表选择的用例外，还有2例“还是”单用表选择意义。如：

（58）训练吉普女郎，还是训练女招待。（老舍《茶馆》）

（59）无论约他开会，还是吃饭，他总迟到一个多钟头，他的表并不慢。（老舍《马宗融先生的时间观念》）

通过对现当代相关语料的分析，我们发现，“是……还是……”构式的主要格式为“是+选择项+（疑问语气词）（，/?）还是+选择项+（疑问语气词）（。/?）”“还是+选择项（，/?）还是+选择项（。/?）”和“选择项，还是+选择项”，本时期，“还是+选择项（，/?）还是+选择项（。/?）”和“选择项，还是+选择项”使用较少。

为了直观反映本时期“是……还是……”句式、“还是……还是……”句式、“……还是……”句式的表义情况，对比上元明清时期的表义情况，我们对现当代以上构式的表义情况进行了分析和整理，具体情况列表如表6-5。

表6-5　　现当代各句式的表义情况

	表选择	表递进	表延续
是……还是……	109	11	13
还是……还是……	4	0	10
……还是……	2	0	0

由上表可以看出，本时期“是……还是”的选择性用法占据绝对优势，其他的用法如递进、延续等都是根据上下文语义派生出来的次生用法。“是……还是……”构式表达的语义不是一种对事物的判断，也不是一种陈述，而是一种可能性的推测，让人们从中进行选择，二者取其一，所以“是……还是……”构式主要表达选择意义。

综上所述，关于“是……还是……”构式历时演变的认识主要有以下几点：

其一，在关联词语的使用方面，先秦两汉时期的主要关联词语为“宁”“将”“其”“抑”等单音节词语，魏晋南北朝时期“为”以及与“为”相关的“为是”“为复”“为当”等成为主要的选择性关联词语，唐宋时期是“是”“还是”与“为”字类选择性关联词语交接的关键时期，这一时期判断动词“是”进入选择疑问句格式之中，并逐渐替代“为”字类的选择性关联词语，元明清以及现当代时期“是……还是……”构式的选择义固化；在疑问语气词方面，“邪”“与”“乎”等疑问语气词在先秦两汉阶段使用较多，到魏晋南北朝使用减少，到唐宋时期基本很少使用。但到元明清时期出现了新的疑问语气词如“呀”“麽”“哩”“哇”等，经过现当代的发展，最后定型为“呢”“呀”等。

其二，在句法形式方面，关于选择问句的格式，先秦两汉时期主要为“意（其、将、且、亡）+选择项+乎（邪、与）？意（其、将、且、亡）+选择项+乎（邪、与）？”或者是“选择项+乎（邪、与）？意（其、将、且、亡）+选择项+乎（邪、与）？”。魏晋南北朝主要为“为（将、为是、为复、为当）+选择项+乎？为（将、为是、为复、为当）+选择项+乎？”以及变体“为（将、为是、为复、为当）+选择项（，/？）为（将、为是、为复、为当）+选择项？”或“选择项？为（将、为是、为复、为当）+选择项？”。唐宋时期主要为“为当（为复、为是）+选择项？为当（为复、为是）+选择项？”。元明清时期主要为“是（还是）+选择项+哩（呀、咧、哇、啊）（，/？）是（还是）+选择项+哩（呀、咧、哇、啊）（。/？）”“是（还是）+选择项（，/？）是（还是）+选择项（。/？）”“选择项+哩（呀、咧、哇、啊），是（还是）+选择项+哩（呀、咧、哇、啊）（。/？）”。现当代主要为“是+选择项+（疑问语气词）（，/？）还是+选择项+（疑问语气词）（。/？）”“还是+选择项（，/？）还是+选择项（。/？）”和“选择项，还是+选择项”，只是在本时期“还是+选择项（，/？）还是+选择项（。/?）”和“选择项，还是+选择项”使用较少。

第二节　“是……还是……”句式的演变动因

通过前文的分析，我们知道“是……还是……”作为选择疑问构式是历史演变的结果。这一构式从先秦时期开始产生，通过魏晋、唐宋得以完善，再通过明清时期的转型，到现代汉语中才逐渐固定下来，这中间经历了词语的替代以及语法化的历程。以往的研究重点集中于“是”的语法化，我们认为，要想弄清楚“是……还是……”构式的演变动因，还需从历时的角度去探讨该构式标记词的替换以及整个构式的语法化。

“是……还是……”作为一个构式，其构式义为二者取其一的选择意义。构式语法认为，构式比成分所具备的形式和功能有着更广的外延，能赋予进入构式的成分新的意义与功能。我们先来看一下其组成成分“是”“还是”的词性，《现代汉语词典》（第7版）中对“是”的解释有三种：其一是形容词，表示“正确、对”的意思；其二是指示代词；其三是动词，表示判断事物的属性等，这其中包含“是”用在选择问句、是非问句或反问句里的情况。《现代汉语词典》（第7版）中对“还是”的词性解释有两种：其一是副词，表示希望，含有“这么办比较好”的意思；其二是连词，表示选择，放在每一个选择项目的前面，不过第一项之前可以不用。

一　“是”“还是”的演变动因

“是”“还是”之所以能够替代唐宋以前的选择性关联词语并成为选择疑问的标记词，是因为“是”“还是”在语言的发展过程中发生了变化，具备了表示选择疑问的语法功能。我们认为，其演变的动因与“是”的虚化、“还是”的凝固性增强以及社会环境等因素的影响有关。

首先，分析“是”的虚化和“还是”的凝固性。“是”最早是作为指示代词出现在句子中的。王力（1989）指出，它在先秦时期是一个指示代词，在特定的句法环境中演化为了判断词。[①] 石毓智（2011）认为，早在公元前500年左右的《左传》中，指示代词“是”就有了回指其前

① 王力：《汉语语法史》，商务印书馆1989年版。

话题的情况，即出现了它语法化的句法环境，他认为整个语法化过程大致可以分为四个步骤：（一）回指用法的出现；（二）诱发语法化的具体格式的建立；（三）新旧判断句式之间的竞争；（四）“是”判断式的最后建立。[①] 以上是关于“是”从指示代词向判断词的语法化过程，本节要重点讨论的是“是”语法化为选择关联词的用法。

梅祖麟在《现代汉语选择问句法的来源》（2000）一书中指出“‘是’字用作选择问记号相当晚”，[②] 梅氏认为出现在《碧岩录》和《朱子语类》中的“是”的选择问是最早用例。刘开骅（2005）考察发现，“是”字选择问句应当成熟于公元十一至十二世纪。通过第一节的梳理，我们发现“是……还是……”构式的出现与“是”字表示选择问句的时间基本吻合，“是”的语法化是从其判断词的用法开始的。魏晋南北朝“为是”用来表示选择问句，此时的“是”与选择连词“为”复合。梅祖麟（2000）认为，“是”是用以构成复音词的加词，所以“为是”是汉语复音节化的一般趋势的产物。而李崇兴（1990）认为，“为”在选择句里的判断用法是以其系词作用为基础的，但是伴随着语法化的进程，这种判断作用逐渐消失，与“是”字复合，正使得这一词语的判断作用有所加强，因此此处的“是”有实在意义而不是加词。此后，柳士镇、刘开骅也都表示了此种观点。我们认为，唐代，选择性关联词语“为复”“为当”后常加“是”字，组成“为复是”“为当是”，这说明“是”字与选择性关联词语的结合更加密切，在语用频率上也有所增加，这都为其进一步语法化提供了便利条件，判断词“是”进入选择问句，并且与选择性关联词语组合，位于句首位置，这是“是”字逐渐替代“为”“为复”“为当”的一个关键节点。如：

(60) 今日见我归家，床上卧地不起，为复是临里相争？为复是天行时气？（《敦煌变文集·舜子变》）

(17’) 有一句子，如百川水。为当是一句，为当是三句？（《祖堂集》）

① 石毓智：《语法化理论——基于汉语发展的历史》，上海外语出版社 2011 年版。

② 梅祖麟：《现代汉语选择问句法的来源》，《梅祖麟语言学论文集》，商务印书馆 2000 年版。

到宋代，“是”字开始独立运用于选择问句中，常与“还是”搭配使用。多位于句首，此时的“是”判断动词义还比较明显。如：

(20’)问：“‘知皆扩而充之矣’，‘知’字是重字？还是轻字？”(《朱子语类》卷五十三)

(21’)还当自家要做什么人？是要做圣贤？还是只要苟简做个人？(《朱子语类》卷一百二十一)

这一时期开始“是”“还是”在选择疑问句中的用法趋于成熟，构成“是……还是……”格式。再分析一下“还是”的历史演变。

梅祖麟（2000）认为，在“还是”之前出现的“为是”“为复”“为当”是选择问的记号，由于“还”和“为”在语音和表义方面有着某种相似，因此“还”替代了“为”。我们认为这种解释有所欠缺，因为在此之后只出现了“还是”的用法，并没有出现“还当”“还复”。在这一问题上，李崇兴（1990）指出，“还是”在进入选择问之前，“还”字已单独用于选择问,[①] 这一时期“还”的词性问题并不明确，值得商榷。李崇兴（1990）认为，“还是”来源于“还”字的“却”义，最初使用的“还是”是副词“还”与判断动词“是”两个独立词语的结合，随着“还”字的“却”义的逐步消失，人们渐渐不知其来历，再加上高频使用的原因，使得“还是”逐渐凝固为一个词。通过语料的梳理，我们认为，就现代汉语中的“还是”来说，其表义不光表达选择义，还可表示延续、转折、进一步说明等意义，而如果按照梅先生的观点来看，“还是”只能是表示选择意义，这与现代汉语中“还是”的词义并不相符。如：

(61) 死者既不可得而求矣，子孙尽其诚敬，则祖考即应其诚。还是虚空之气自应吾之诚，还是气只是吾身之气？(《朱子语类》卷二十五)

(62) 行者道：“他如今是个病君，死了是个病鬼，再转世也还是个病人。”(《西游记》第六十八回)

(63) 这虽然是戍边之功，实际上是恩泽，而且还是王振所建议

① 李崇兴：《选择问记号“还是”的来历》，《语言研究》1990年第2期。

的，不值得为训。(《万历野获篇》补遗卷二)

在上述例子中，例（61）中的“还是”表示的是选择意义，例（62）中的“还是”表示的状态持续的意思，例（63）中的“还是”表示的是递进、进一步说明的意思。

元代以后，“是”“还是”常搭配使用。语法化一般理论认为，渐变原则、并存原则和保持原则存在于语法化过程之中。因此，由于“是”是一个常用的判断动词，且“是”“还是”常处于谓语位置，而这一位置的词语不太容易虚化，在很长的一段时间里仍保留着判断义的用法，所以这在一定程度上降低了其语法化的进度。

明清时期的“是”“还是”的发展基本接近于现代汉语中的用法，进入现当代“是”进一步语法化，朝着焦点标记的方向演变，正如石毓智（2011）打的比方一样，在一个舞台上，“是”是聚焦灯，聚焦的是“是”后的成分，而且这一成分必须能构成一个更大的语法单位。“还是”的语法化路径为由副词“还”产生而后与判断词“是”结合，因为高频使用的原因，“还是”粘合为一个词语，产生了副词和连词的用法。

其次，“是”“还是”受到社会环境的影响。由于语言的发展不仅受其自身内部的影响，还受人们日常交际的影响，是社会选择的历史产物。言语是人们用来进行交际的，而语言是供人们交际使用的规则系统。因此，随着人们交际的发展，“是”“还是”在这一社会大环境的影响下，势必要发生一定的历时演变。

二　“是……还是……”句式演变的动因

关于构式语法化，龙国富（2014）明确指出，语法化不只是词项在发生语法化，词项所在的语法构式也在发生语法化，语法化的过程是创造新构式的过程。语法化研究的理论目标，已从早期研究词项的语法化和句法环境的语法化向研究构式语法化扩展，构式语法化已成为语法化研究的新动向。[①]

“是……还是……”构式是现代汉语中常见的一种构式，其构式义具有单一性，表示选择和疑问的意义。本文从历时发展的角度，将“是……还

① 龙国富：《试论汉语“为”字被动式的构式语法化》，《古汉语研究》2014年第3期。

是……”构式放入构式语法化的有关理论框架中进行讨论。这一构式经历了先秦两汉、魏晋、唐宋、元明清和现当代几个阶段，最终被固定下来。我们认为，这一演变的动因不外乎语表形式的变化、重新分析以及使用频率等因素。

首先，从语表形式的变化看。先秦两汉时期，选择疑问构式的主要格式为“……乎/邪？将/妄/意……乎/邪？”，用现代汉语可解释为“……吗？还是……吗？”。魏晋南北朝时期，主要的表达形式为“……（邪），为/为当/为复/为是……（乎）？”在现代汉语中解释为“是……还是……”疑问语气词的使用频率有所降低。唐宋时期是“是……还是……”构式出现的萌芽时期，本时期的主要表达形式仍然沿用前一时期的形式，只是疑问语气词使用很少，与魏晋时期不同的是，出现了“为复是”“为当是”的表达。唐五代时期“还”字进入选择句，宋代以后“还”与“是”两个词语结合使用。元明时期，“是……还是……”格式和“还是……还是……”格式相互竞争，并存使用。清代以后，“是……还是……”格式在使用上占绝对优势。进入现代汉语以后，“是……还是……”构式固定下来。我们发现，在“是……还是……”构式中，如果其标记的两个选择项为体词性成分，那么“是”和“还是”就保留其动词的用法，在句子中充当谓语；如果其选择项为谓词性成分，那么“是”“还是”只作为关联选择项的标记词。

其次，从重新分析的角度看。魏晋时期“为是”是一个黏合性的选择关联词，唐五代时期“是”与“为复”“为当”复合为“为复是”“为当是”，宋代以后“是”字摆脱“为”字类选择性关联词语，单独与选择项相连，直接与选择项构成“是+选择项”。唐五代时期“还”字进入选择句，宋代时期与判断词“是”结合，起初是独立表示意义，经过长时间的融合，两个成分之间的边界模糊，遂复合为一个词语。两个标记词在结构上发生改变，这为结构的语法化准备了必要的条件。由此来看，“是”“还是”标记的分句，从独立成句到作句子里的分句，句法地位发生变化，进而引起语义和结构的细微变化，这都是“是……还是……”构式语法化的表现。

最后，从“是……还是……”构式的使用频率看。语言发展史毫无例外地证明，使用频率高、范围广的强时语法格式是类推的原动力。①“是”“还是”进入选择问句后，由于语义的相宜性和句法环境的适切性，促发“是……还是……”构式的使用频率大大提升，同时也使得“二者取其一”的构式义更加凸显。因此，在“是……还是……”构式语法化过程中，使用频率也起到了重要的推动作用。

① 石毓智：《语法化理论——基于汉语发展的历史》，上海外语出版社2011年版。

第七章

并列复句关联标记“一边……一边……”的历时研究

美国构式语法专家 Goldberg（1995）认为，作为一个形式和意义的匹配体，无论它的形式和意义的哪个方面，都不能从其组成成分或者其他现成存在的构式中推导出来，这样的匹配体就称为构式。受构式语法理论的影响，我们认为构式义在认知层面上具有整体性，所以为了更好地理解构式语义就需要从整体上去把握。本文认为“一边……一边……”类框式结构是特定的构式，应该从整体认知的角度来考虑其研究价值。

“一边……一边……”构式在现代汉语中常以并列复句的形式出现，该构式产生以来就颇受学术界的青睐，但目前的研究基本上都局限于共时层面。从“边”字到“一边”再到“一边……一边……”经历了漫长的发展过程，本节拟从历时的角度对“一边……一边……”构式从古至今的发展历程做一个系统的梳理，试图勾勒出该构式历时演变的轨迹并探讨其演变的动因。

第一节 “一边……一边……”的演变历程

《说文解字》云：“边，行垂崖也，从辵，臱声”，“边”的本义是“在罪犯脸上刺字，给犯人披上枷锁，并将其放逐到深山远疆”。“边”的本义是动词，即“将犯人发配至远疆。”《汉语大字典》对“边”字的释义共有十五种，由动词本义引申出名词“边境”“边界”“物体的四侧”“边缘”“侧面”“方面”“方向”等义。

“一边……一边……”构式在现代汉语中较为常用，语料调查发现，“一边”中的“边”本义指某一个方向或位置，后来引申为某件事情的一个方面，从本义到引申义，“边”发生了由具体到抽象的转变。“一边……一边……”构式经历了比较漫长的发展演变过程。“一边……一边……”成对使用在早期先秦文献中尚未见到，该时期多是“边”字单独使用。较多出现“一边……一边……”连用的用例是在北宋，但此时期的“一边……一边……”表并列关系的用法还未固定下来。到了明代，“一边……一边……”表并列关系的用例大量涌现，明代以后表并列关系的用法逐渐增多，到了清代基本固定化，民国之后直到现当代用例就更加普遍了。

一 先秦

“一边……一边……”框式结构的用法在早期的先秦文献中没有查到相关文献记录，多是“边”单独使用。如：①

(1) 国有七患。七患者何。城郭沟池不可守。而治宫室。二患也。边国至境。四邻莫救。二患也。(《春秋·墨子》)

例(1)中的“边”表“边境”“边界”之义。本时期，“边”字还没有和“一”字紧密结合，在北大语料库(CCL)中未见用例。

二 南北朝、隋唐、五代

本时期，“一”和“边”结合逐渐紧密，数词“一”不可以省略，也不可以变成其他数词。“一边”在使用的时候前边多有一个动词，构成“V+一边”的格式。如：

(2) 五师虽同取佛律，而各据一边，故篇聚或时轻重，纲目不无优降。(《全梁文·高僧传》卷十一)

(3) 有一僧礼拜，起来立地。师云：“大才藏拙户。”其僧又向一边立，云：“丧却栋梁哉。”(《祖堂集》卷九)

由“V+一边”的格式又构成介宾结构“在+一边”格式，吕叔湘

① 本章语料均来自北京大学中国语言学研究中心CCL语料库，例句后均有具体出处。

(1980) 认为在这种情况下“一边”是方位词。如：

(4) 取紫菜，冷水渍令释，与葱菹合盛，各在一边。(《齐民要术》十一章)

(5) 有老宿屈师斋，师来不排座位。老宿在一边坐，师便展座具，礼拜老宿。(《祖堂集》卷二十)

后来在“V+一边”和“在+一边”格式的基础上形成“V+在+一边”格式，“一边”作补语。如：

(6) 于是门官得相公处分，牙人引入远公，直至吸前，遂见相公，折身便拜，立在一边。(《敦煌变文选》卷六)

(7) 遂揽典尺，抛在一边，渐近前来，怒声责曰：善庆，汝岂不闻道：斗不著底，死亦难当。(《敦煌变文选》卷六)

(8) 不曾与女同床，日日四暮其身，夜即取于毡褥，别在一边，并无贪俗之事。(《敦煌变文集新书》卷三)

本时期的“一边”，意为“旁边，一侧”，也指具体的方位，还没有抽象出表示“事情的某一方面”之义。如：

(9) 若一边行道布德，一边旋舍，无希望心，是为中舍。(《佛语录·黄檗山断际禅师传心法要》)

语料考察表明，例（9）是“一边……一边……”第一次成对出现在句子中，尚未发现更多类似用例。通过对本阶段用例的梳理，我们发现，本时期“一边”的大多数用法还是和“在”一起组成介词短语作补语，还未有“一边……一边……”组成框式结构关联并列复句的用例。

三　宋元

宋元时期，“一边”开始大量成对出现在句子中，意义呈现逐渐虚化的趋势，有“一边”构成“V+在+一边”的用法，也有“一边……一边……”这样的“同型呼应”(即配对使用，用一个关系词连接两个或多个动词或动词性短语，这可以看作是关系词的拷贝使用）用法，元代还新出现了“一壁……一边……”这样的“异型呼应”（用两个不同的关系词连接动词、动词短语甚至句子）。本时期“一边”多置于分句的前端或者中间，但并不完全表示并列关系，多是表同一事物的两个方面或对立的两个事物，只有少数例子连接并列复句，部分用法还有方位指示作用。

宋代，“一边”语义还并未完全虚化，如：

（10）未活之前，家人见绕颈有鲜血，惊共看之，颈有被刺处，还似刺羊，一边刀孔小，一边刀孔大。数年疮始合。（《太平广记》卷一百三十二）

例（10）中，“一边”的语义还并未完全虚化，此处指具体的“颈”的两边。再如：

（11）致知、力行，用功不可偏。偏过一边，则一边受病。（《朱子语类》卷九）

（12）盖自家能常常存得此心，莫教走作，则理自然在其中。今人却一边去看文字，一边去思量外事，只是枉费了工夫。（《朱子语类》卷十一）

（13）若见得一边，不见一边，便不该通。穷之未得，更须款曲推明。盖天理在人，终有明处。（《朱子语类》卷十五）

例（11）、例（12）、例（13）中的“一边”在表义上逐渐虚化，在以上例子中具体指抽象意义上的两个方面，由实在意义向空间方位虚化。

为了突出两个方面的对比，构成“这+一边……，那+一边……”的格式，有方位指示作用，加指示代词“这”“那”起限制、区别作用。如：

（14）这一边道理熟，那一边俗见之类自破。（《朱子语类》卷十三）

（15）若不弘，只是见得这一边，不见那一边，便是不弘。只得些了便自足，便不弘。（《朱子语类》卷三十五）

后来又构成“这一边+VP1，那一边+VP2”的格式，如：

（16）因以手指分作两边去，云：“这一边去是死路，那一边去是生路。这去便善，那去便恶。”（《朱子语类》卷三十四）

（17）这一边令进军，那一边令退军，如何作事？（《朱子语类》卷一百三十一）

（18）遂以手画扇中间云：“这一边是善，那一边是利。”（《朱子语类》卷四十一）

（19）如揲蓍，两手皆有数，不可谓这一边有道理，那一边无道理。（《朱子语类》卷六十四）

以上用例中，“一边”连接复句、标记并列的双方在事实方面具有对立性，后边句子多有表示对立方面的词语，如例（16）“生死”、例（17）“进退”、例（19）“有无”等。

在宋代，我们还发现了一例“一边”连接并列复句的用法，构成“一边+VP1，一边+VP2”，表示人物的动作行为同时发生，如：

（20）翠莲见说，拿了一炷，走到家堂面前，一边拜，一边道：“家堂一家之主；祖宗满门先贤：今朝我嫁，未敢自专。”（《清平山堂话本·快嘴李翠莲记》）

元代，与前代相比“一边”的用例比较少，用法变化不大，“V+在+一边”格式仍然存在，如：

（21）王法官额角上，流出鲜血来，霍地望后便倒，宝剑丢在一边。（《元代话本选集·勘皮靴单证二郎神》）

（22）却把斗笠掩着身子，和腰蹭在地下，蓑衣也放在一边。（《元代话本选集·闹樊楼多情周胜仙》）

（23）梳桩匣也出空了，撇在一边。（《元代话本选集·玉堂春落难逢夫》）

表示对立事实的陈述，如：

（24）两下一边的计价多，一边的还钱少，差得天高地远。（《元代话本选集·蒋兴哥重会珍珠衫》）

（25）谁知一边是真，一边是假。（《元代话本选集·陈御史巧勘金钗钿》）

此外，还新出现了“一边”的“异型呼应”（用两个不同的关系词连接动词、动词短语甚至句子）用法，“一壁……一边……”如：

（26）这差使不寻俗：一壁厢纳草除根，一边又要差夫，索应付。又言是车驾，都说是銮舆，今日还乡故。（《般涉调·哨遍·高祖还乡》）

通过对宋元时期语料的梳理，我们发现，本时期“一边”与“一边”开始作为框式结构使用，但用例已经逐渐多了起来，除少数特例外，大多数用法表示同一事物的两个方面，或者对立的两个事物。

为了更直观地研究宋元时期“一边”的使用情况，对其进行了量化统计，见表7-1。

表7-1　宋元时期“一边”的使用情况统计表

	北宋	南宋	元代
“V+在+一边”	21	44	12
“这+一边……，那+一边……”	3	15	2
“这一边+VP1，那一边+VP2”	1	5	1
“一边+VP1，一边+VP2”	1	0	0
“一壁……一边……”等异型呼应	0	0	1

总体而言，宋元时期“一边”较多成对出现在句子中，意义逐渐虚化，有“一边”构成“V+在+一边”的用法，也有“同型呼应”，元代还新出现了“异型呼应”。本时期“一边”多位于分句的前端或中间，但并不完全表示并列关系，多表同一事物的两个方面或对立的两个事物，部分用法还有方位指示作用，只有少数例子连接并列复句。

四　明清

明清时期“一边……一边……”句式蓬勃发展，使用频率也大大增加，在之前用法的基础上，又衍生出更多种搭配，“一边……一边……”用于并列复句的例子已很常见。出现“一边……一边……”框式结构的过度结构“一边+是，一边+是”结构，表情状列举，稍后又出现“一边+VP1，一边+VP2”结构，表示行为动作同时进行，或者心理活动的同时发生，“一边”在句子中一般都处于动词或者动词短语之前，并与之直接相连。“一边”后边可接词语，也可接句子，构成“一边+句子1，一边+句子2”结构，从句子并列扩展到语篇并列。

明代，关于“一边……一边……”的语料较多，我们对北大语料库（CCL）中的明代相关语料进行了详细考察，结果发现，“一边”与“一边”连用的情况已经十分常见，除表同一事物的两个方面或对立的两个事物外，表示列举的用法十分常见，同时用于并列复句中的情况也已大量出现。

本时期，“V+在+一边”格式仍然存在，继续发展后由“V+在+一边”演变出了“V+过+一边”结构，如：

(27) 进得殿帅府前，参见太尉，拜了四拜，躬身唱个喏，起来立在一边。(《水浒全传（上）》第一回)

(28) 王庆赢了钱，用绳穿过两贯，放在一边，待寻那汉赎梢，又将那三贯穿缚停当。(《水浒全传（下）》第一百零四回)

(29) 薛婆情知自己不是，躲过一边，并没一人敢出头说话。(《今古奇观（下）》卷二十三)

(30) 谁知卢楠出自勉强，见他辞了，即撇过一边，那肯又来相请。(《今古奇观（下）》卷二十九)

(31) 众人道：“小人们恐难好答应，俱走过一边，不曾看见。”(《今古奇观（下）》卷二十九)

值得注意的是，本时期出现了较多“一边+是，一边+是”结构，用于表情状列举，如：

(32) 次日，孔明尽起祁山之兵前到渭滨：一边是河，一边是山，中央平川旷野，好片战场。两军相迎，以弓箭射住阵角。(《三国演义（下）》第一百回)

(33) 操大喜，令军马且行，问："前面是那里地面?"人报："一边是南彝陵大路，一边是北彝陵山路。"(《三国演义（中）》第五十回)

(34) 一边是一个斗三个，一边是三个斗一个，直杀得天昏地惨，日色无光。(《三宝太监西洋记（三）》第五十六回)

(35) 到了明日，又是现成腔调：一边是一个光头，满天上喷下水；一边是一幅月月红，遮天遮地的幌着。(《三宝太监西洋记（三）》第七十回)

(36) 只见船头上左一边是一瓶酒，右一边是一只鹅。(《三宝太监西洋记（三）》第六十六回)

(37) 当下一边是落难之际，一边是富厚之家，并不消争短论长，已自一说一中。(《今古奇观（上）》卷十八)

(38) 谁知一边是真，一边是假。阿秀在袖中摸出银两首饰，递与假公子，再三嘱付，自不必说。(《喻世明言（上）》卷二)

以上用例均是"一边+是，一边+是"结构，"一边"后边接表判断的动词"是"。这种结构虽表判断性但动作性不强，后边的成分还不是动词性的，这应该是"一边+VP1，一边+VP2"结构的中间阶段。在此基础上衍生出省略"是"的用法，构成"一边+NP1，一边+NP2"结构，如：

(39) 到了明日，一边国师老爷，跟着一个徒孙云谷；一边一个飞钹禅师，跟着一个徒弟尊者。(《三宝太监西洋记（四）》第七十四回)

(40) 一边郭允中，一边郭英，两马相交，战上二十余合。(《英烈传》第六十七回)

随着语言的发展，"一边"后边省略动词的用法出现，即"一边+NP1，一边+NP2"，这里"一边"连接的句子动作性还不很强。如：

(41) 至今湖州天圣禅寺东西两壁，每人各画一壁，一边山水，一边竹石，并垂不朽。若论琴家，是那司马相如与卓文君，只为琴心相通。(《二刻拍案惊奇（上）》卷一)

例（41）中，名词“山水”和“竹石”前省略了“画”。

随着语言的进一步发展，省略动词的用法几乎没有了，动词紧跟在“一边”之后，构成“一边+VP1，一边+VP2”结构，语料考察表明，此类用法已大面积出现。“一边”后边多跟动词性的成分，表示动作同时发生，不区分先后。“一边 VP1，一边 VP2”，VP1 与 VP2 过程重合，是一个动态结构，如：

(42) 那爷爷一边吩咐和尚起来，好生厮养，一边的接着太爷。(《三宝太监西洋记（一）》第三回)

(43) 他那里一边拿出刀来，我这里一边慢慢地里说道：“杀便杀了我，还有许多杀不尽的在那里。”(《三宝太监西洋记（三）》第五十四回)

(44) 元帅一边吩咐旗牌官收养这个蜘蛛，一边吩咐请过国师来。(《三宝太监西洋记（二）》第三十四回)

以上用例，在“一边+VP1，一边+VP2”结构连接的句子中多有明确的主语置于“一边”之前，“一边”之后是动作行为或者说出的话语，同时进行的动作是由同一个人实施的，即“S 一边 VP1 一边 VP2”。也有部分用例是省略了主语，需要读者在阅读的时候自己体会。如：

(45) 一边烘焙行李，一边喂养马匹。至黄昏时候，忽见一少年，引数人入庄，径上草堂。(《三国演义（上）》第二十八回)

(46) 将近三更，领兵到李嗣源营前，就杀进去，一声炮响，却开了营，一边杀人，一边叫造反。(《五代秘史》第十六回)

(47) 大夫取个大瓯，一头吃，一头骂。又取过纸笔，写下状词，一边写，一边吃酒。吃得不少了，不觉懵懵睡去。(《今古奇观（下）》卷三十八)

再看“一边+VP1，一边+VP2”用于复句中的情况，VP1 与 VP2 这一动态过程常表人物行为和语言的同时性。如：

(48) 心中暗喜道：“想必这宝贝如人意！”一边走，一边心思口念，手颠着道：“再短细些更妙！”（《西游记（上）》第三回）

(49) 两家一边唤女，一边唤儿，约莫叫唤了半个时辰，渐渐眼开气续，四只胳膊，兀自不放。（《警世通言（下）》卷二十三）

(50) 可是那个穿蜜合的小姐却到跟前，猛可的将狄希陈一手扯，一边说道：“你对着我溺了尿去，我倒罢了，你又上门来看人！”一边往家就拉。（《醒世姻缘传（中）》第三十七回）

此外，关于“一边+句子 1，一边+句子 2”结构，小句中有主语，谓语，宾语。“一边”关联两种行为。如：

(51) 一边天王同三太子领着天兵神将，押住妖精，去奏天曹，听候发落；一边行者拥着唐僧，沙僧收拾行李，八戒拢马，请唐僧骑马，齐上大路。（《西游记（下）》第八十三回）

为了更直观地展示明代“一边”的使用情况，我们对明代的部分语料进行了量化统计，见表 7-2 所示。

表 7-2　　明代“一边”的使用情况统计表

	一边+是，一边+是	一边+NP1，一边+NP2	一边+VP1，一边+VP2	一边+句子 1，一边+句子 2
三国演义	55	2	1	0
三宝太监西洋记	39	10	29	0
二刻拍案惊奇	17	1	2	0
五代秘史	23	1	5	0
今古奇观	34	3	4	0
初刻拍案惊奇	21	1	6	0
西游记	55	1	13	1
水浒传	12	6	11	0
醒世姻缘传	33	1	53	0

从上表中可以清楚地看到，在这10部文献中，关于“一边”的使用，成对出现在句子中的情况已十分常见，表示并列关系的用法也逐渐多起来了，但还未凝固下来。“一”和“边”结合在一起表示方位的时候就已经走上了虚化的道路，之后“一边”和“一边”成对出现，从偶然相遇到大面积使用，虚化程度不断加深，此格式的语法化程度逐渐加深。

清代，我们对北大语料库（CCL）中的清代相关语料进行了详细考察，结果发现，本阶段是“一边……一边……”表并列关系框式结构的持续发展期，大致延续明代时期的用法，不过略有不同，“一边”单用的情况逐渐变少，“一边……一边……”成对出现在句子中表示并列关系的情况越来越多。

本时期和明代相比，依然存在“一边+是，一边+是”结构，表两个方面的情状列举，但句子前面并没有明确的主语出现，“一边”的虚化程度有所加深，如：

（52）你两家四位里头，一边是到下路去的，一边是到上路去的。（《侠女奇缘（上）》第五十三回）

（53）讲到路上，一边是一个瘦弱书生，带着黄金辎重，一边是两个乡愚老者，伴着红粉娇娃，就免不了路上不撞着歹人。（《侠女奇缘（上）》第十回）

（54）一边是金月兰有心逃走，一边是程小姐却无意私奔。最好是要和程小姐彼此说通，方能下手。（《九尾龟（二）》第五十四回）

此三例均是“一边+是，一边+是”结构，但又有区别，从“一边”的虚化程度看，例（54）比例（52）、例（53）虚化程度更高，例（52）、例（53）表示在具体方位上存在着某物，和明代的用法一致，但例（54）却更加抽象了。“一边+VP1，一边+VP2”结构也越来越多，一般和人的动作和说话有关，如：

（55）“如今又把我传到这里来，难道还生出什么巧招儿来哩。”一边说，一边上堂，也不东瞧西看。（《七侠五义（上）》第七回）

（56）钟雄一边笑，一边接酒道：“承情，承情！多谢，多谢！”

(《七侠五义(下)》第一百二十回)

(57)法慧顺着花园子向南跑,跑到东禅堂的北院,一边跑着一边喊:“大师兄,了不得啦!”(《三侠剑(下)》第六回)

(58)雯青摇手道:“且慢!”一边说,一边就掀帘出来。只见对面房静悄悄的下着帘子,帘内灯烛辉煌。(《孽海花(下)》第十九回)

(59)一边吃着茶,一边神刀手盘问了二位一会。智爷又将前言说了一遍。(《小五义(上)》第二十四回)

以上用例,“一边”连接的句子,在句意上同时关联人物的语言和行为动作,动作在进行的同时伴随着语言,这和明代的用法一致。除此之外,和明代不同的是,本时期,在“一边+VP1,一边+VP2”所构成的复句中,VP1和VP2分别表示人物的动作行为和心理活动,两者同时进行,如:

(60)义成一边想,一边催马前进。(《孽海花(下)》第二十三回)

(61)那周应龙一边动着手,一边暗为称奇,心中说这黄三太名不虚传。(《彭公案(一)》第三十回)

(62)那武杰脚程最快,无奈被毒蒺藜打伤后胯,一边跑,一边想到了公馆之内,调来官兵剿这松林庄。(《彭公案(二)》第八十一回)

(63)暗想:“天下真有这般巧事,怎么一边刚才带去,一边就忽然的要起来?”(《九尾龟(一)》第三十三回)

此外,本时期“一边”和“一面”的异型呼应结构也多了起来,构成“一边+VP1,一面+VP2”的形式,并用于并列复句中。如:

(64)贼兵,率领败残人马,退进关去,在城上多设滚檑木石、灰瓶炮子。一边去城上巡查,一面遣差官去到神力王、穆将军两处告急。(《康熙侠义传(下)》第一百七十九回)

(65)喉左右打将去,后面各人齐声喊杀,金鼓之声如雷振耳,

一面助威，一边着手下人洋枪花筒齐向妖道乱打。（《乾隆南巡记（上）》第一回）

（66）不论诸色人等，如能当场捉拿其人者，重重有赏。一面出令，一边飞马前来，早见望花楼前一派喊杀声，家将们被这两人打得抵挡不住。（《乾隆南巡记（上）》第二回）

（67）恐怕被他伤了性命，只得一面招架，一边逃走。（《乾隆南巡记（上）》第七回）

为了更直观地展示清代“一边”的使用情况，我们对清代的部分语料进行了量化统计，见表7-3所示：

表7-3　清代“一边”的使用情况统计表

	“一边+是，一边+是”	“一边+NP1，一边+NP2”	“一边+VP1，一边+VP2”	“一边+VP1，一面+VP2”
七侠五义	25	0	43	12
儿女英雄传	17	1	36	6
孽海花	7	2	14	4
小五义	10	3	14	1
彭公案	4	0	16	9
康熙侠义传（下）	11	1	23	14
乾隆南巡记（上）	21	2	34	17

（68）圣天子一面洗去面上尘垢，一边问小二道：“此处可有什么好游耍地方吗？”（《乾隆南巡记（上）》第一回）

从上表中可以清楚地看到，在清代文献中，关于“一边”的使用，相比明代成对出现在句子中表示并列关系的情况逐渐增多，甚至有的文献中只要成对出现就表示并列关系。

综上所述，明清时期，“一边……一边……”的总体发展趋势是表示并列关系的情况逐渐增多，此框式结构逐渐趋向固定化，“一边……一边……”的语法化程度不断加深，在句意表达上，侧重表示人物语言和行为以及心理活动的同时性。

五 民国至现当代

民国到现当代阶段，汉语发生了巨大变化，在对北大语料库的相关语料作分析后发现，“一边……一边……”构成的并列复句已具有了压倒性优势，“一边”的其他用法虽也存在，但显然已不常见，只在某些特定句式中出现。在民国500个用例中，只有72个不表并列关系；现代930个用例中，有137个不表并列关系；当代500个用例中，仅65个不表并列关系。

在一些话剧作品中，“一边+VP1，一边+VP2”使用更广，多是用于描述人物动作和语言的同时进行，“一边+VP1，一边+VP2”，“一边”后边可以跟动词，也可能跟动词短语。如：

(69) 疯子（一边擦脸，一边说）我这里，没毛病，臭沟熏得我不爱动。(老舍《龙须沟》)

(70) 于大璋（一边走一边说）丁经理既是工商联的委员，就更可靠了！(老舍《春华秋实》)

(71) 李太太（拿着女儿的手，一边看一边念叨起来）一斗穷，二斗富，三斗四斗开当铺。(曹禺《日出》)

(72) 警察（一边听掌柜的讲话，一边用电筒照那两间西房）可不，这回事啊，也幸亏是大家伙儿出来。(老舍《龙须沟》)

(73) 老尤（一边刷洗，一边哼唧自己编的评剧）当初我学徒在便宜坊，小力笨的苦处实在难当！(老舍《女店员》)

本阶段，“一边+VP1，一边+VP2”框式结构用于并列复句，表示动作行为和语言同时进行的用法延续了下来，并在使用频率上取得压倒性优势，句中有明显的主语。如：

(74) 元详的母亲又用棍杖责打元详的妃子刘氏，打了数十下，一边打一边对刘氏说：“你这媳妇也是大家名门之女，与元详门当户对。”(曹绣君《古今情海》)

(75) 惠生一边开门，一边道：“你老人家不用性急，我早安排妥当了。”(陆士谔《清朝秘史》)

(76) 王大栓的妻周秀花，领着小女儿王小花，由后面出来。她们一边走一边说话儿。(老舍《茶馆》)

(77) 瑞丰手里捧着好几个半红的枣子，一边吃，一边说：“这就行了！甭管日本人也罢，中国人也罢，只要有人负责。”(老舍《四世同堂》)

(78) 吃过早饭，老孙头又敲着铜锣，从屯子的北头到南头，一边敲一边叫道：“到小学堂里去开会，斗争韩老六。”(周立波《暴风骤雨》)

(79) 雷参谋装出抗议的样子，一边说，一边皱一下眉头，便挤进了那位叫做黄奋的西装少年所坐的沙发榻里。(茅盾《子夜》)

在“一边……一边……”框式结构形成的并列复句中，作为关联标记，“一边……一边……”在大多数辞书中的解释是“一个动作和另一个动作同时进行”，从适用范围看，首先，它适用于两个动作同时进行，如例(76)中“走”和“说话”；其次，它既适用于持续性动作，又适用于间歇性动作，如例(77)中“吃”是一个持续性动作，而“说”就是一个间歇性动作。

随着语言的发展和社会文明的进步，语言的社交功能也在不断发展。尤其受网络用语的冲击，人们的语言朝着多元化的方向发展。随着“一边……一边……”框式结构使用频率的不断增高，其形式也发生了一些新的变化，如：

(80) 酌酒劝舅父去。申纯座前的蜡烛渐渐暗淡，娇娘快步走到蜡烛前，一边用手指弹掉烛上的灰烬，一面流顾左右。(曹绣君《古今情海》)

(81) 张亮基本也久闻左宗棠的声望，自然一口答应。一边即委胡林翼任新军统领，一面专差去聘左宗棠前来做他幕府。(徐哲身《大清三杰(上)》)

例(80)和例(81)是“一边……一面……”框式结构形成的并列复句，“一边”和“一面”属于异型呼应(用两个不同的关联标记连接动词、动词短语或者句子)。再如：

（82）这样，老妇人将春宝从她底怀里拉去，一边说：“春宝让我带去罢。”（柔石《为奴隶的母亲》）

例（82）表示动作和语言同时发生，“一边”单独使用，没有出现与之配套的关联标记，即便如此，“一边”仍表并列关系。

（83）巴了几下，似乎已连我每天吃几个馍馍都看了去！她的嘴可是甜甘，一边张罗客人的茶水，一边儿说；一边儿说着，一边儿用眼角扫着家里的人；该叫什么的便先叫出来，而后说话。（老舍《柳屯的》）

例（83），四个“一边”出现在句子中，形成并列复句，表示人物行为与动作的并列。虽有新的形式出现，但是“一边……一边……”框式结构凭借超强的包容性在历时的发展检验中逐渐固定下来。

综上所述，关于“一边……一边……”框式结构的历史演变有如下几点认识：

其一，语言的发展是渐变的、缓慢的，从“边”字单用到“一边”单用，再到“一边……一边……”成对出现构成表并列关系的并列复句，期间经历了漫长的发展过程。南北朝、隋唐、五代，“一”和“边”结合逐渐紧密，已基本固定为一个标记，不过还未有大量“一边……一边……”作为框式结构形成并列复句的例子。宋元时期，“一边”与“一边”连用的情况已逐渐多了起来，但还未固定下来，大多数用法还是表同一事物的两个方面，或对立的两个事物的列举。明清时期，“一边……一边……”的总体发展趋势是，表示并列关系的情况逐渐增多，此框式结构逐渐趋向固定化，在句义表达上，侧重表示人物语言和行为的同时性。民国一直到现当代，“一边……一边……”关联并列复句的情况已具有了压倒性优势，“一边……一边……”框式结构凭借超强的包容性在历史的发展检验中逐渐占据主流并且稳定下来。

其二，在句法结构搭配上，南北朝、隋唐、五代时期有“V+一边”格式，“在+一边”格式和“V+在+一边”格式。宋元时期有“这+一边……，那+一边……”格式和“一边+VP1，一边+VP2”格式。明清时期有“一边+是，一边+是”格式，表情状列举；再有构成“一边+VP1，一边+VP2”格式，表示行为动作同时进行，“一边”后边可连接词，也可以连接句子，构成“一边+句子1，一边+句子2”结构，从句子并列扩展到了语篇并列。民国一直到现当代，“一边……一边……”框式结构使用频繁，使用形式也发生了一些新变化，如“一边……一面……”作为异型呼应结构关联并列复句，表动作和语言同时发生；再如四个“一边”出现在句子中，关联并列复句，表示人物行为动作的接连进行。虽有新的形式出现，但“一边……一边……”框式结构关联并列复句的用法逐渐占据主流并且稳定下来。

第二节　“一边……一边……”句式演变的动因

通过前文的研究，我们认为，“一边”句式经历了漫长的发展过程，从隋唐五代时期的萌芽状态到现当代时期结构的稳定，这中间伴随着语法化的过程。过去的语法化研究很少把注意力放在句法结构的语法化上，着重关注的是句子中的某一实词是怎么虚化的，而对于短语和句式是如何语法化的问题关注较少，我认为，语法化是一个新兴语法手段产生的历时过程。龙国富（2013）指出，跟词汇项语法化一样，构式也可以语法化，在语法化过程中，构式的语法化是显现的，既包括从无构式义到有构式义，又包括从实的构式义演变为虚的构式义。①

研究发现，“一边”发展成为并列关系的关联标记是因为在语言的使用和发展过程中，“一边”发生了固化所造成。实际上就是词汇意义逐步虚化，结构关系更加紧密，句法功能出现专门化的倾向。现代汉语“一边……一边……”框式结构经历了一个较为复杂的语法化过程。下面我们将重点分析“一边……一边……”框式结构的语法化动因及机制，结合认知语言学等理论知识，重点从句式构造、语义变化、语用频率和认知等方面来探讨该框式结构的语法化动因及机制。

一　句式构造

从句式构造来看，“一边……一边……”句式在现代汉语中是一种较

---

①　龙国富：《“越来越……”构式的语法化——从语法化视角看语法构式的显现》，《中国语文》2013年第1期。

为常见的句式，研究发现，“一边……一边……”之所以能够关联并列复句，从“边”的本义“具体地表示某一个方向或者位置”，引申发展到后来“抽象地表示某一件事情的一个方面”，可以看出，两者是有关联的。

先秦时期多是由动词本义“将犯人发配至远疆”引申为名词“边境，边界”，再引申为名词“物体的四侧，边缘”。本时期的“边”字还没有和“一”字紧密结合。南北朝、隋唐、五代时期，“边”字和“一”字逐渐紧密结合，又有了“V+一边”的格式，“在+一边”格式和“V+在+一边”格式。宋元时期，则由“这+一边……，那+一边……”格式过渡到“一边+VP1，一边+VP2”格式。明清时期，“一边+是，一边+是”格式，表情状列举，进而形成“一边+VP1，一边+VP2”格式，表示行为动作同时进行。民国一直到现当代，“一边……一边……”框式结构使用频率增高，结构形式也发生了一些新的变化，“一边……一面……”作为异型呼应形式出现，并关联并列复句，表动作和语言同时发生。此外，还有四个“一边”出现在句子中，共同关联并列复句，表示人物行为动作的接连进行。虽有新的形式出现，但“一边……一边……”框式结构关联并列复句的用法随着“一边+VP1，一边+VP2”结构的进一步语法化，进入现代汉语中，并逐渐占据主流并且稳定下来。

二 语义变化和语用频率

句法结构的变化必然会导致语义的变化，句法结构的变化必然会导致语义的变化，在“一边+VP”结构的基础上，出现“一边+VP1，一边+VP2”对举的形式，表示“动作行为”同时发生之义，这种对举结构的语义环境是“一边……一边……”框式结构形成的语义基础。

汉语语音系统中最基本的音步是两个音节，所以在历史的发展过程中，随着使用频率的不断增加，“一边”打破了结构系统的束缚。石毓智在《语法化理论——基于汉语发展的历史》（2011）中指出，经常在一起出现的两个单音节词之间的关系就会改变，产生两种后果，一是他们之间的边界弱化消失，从而形成一个新的结构体；二是当两个音节结合成一个整体时，后一个音节容易弱化而成为一个语法标记。[①] 我们认为，“一边”作为关联标记用法的形成比较符合上述石毓智（2011）的观点。

---

① 石毓智：《语法化理论——基于汉语发展的历史》，上海外语出版社 2011 年版。

“一边……一边……”框式结构的高频使用也明显促发了这一结构的形成，尤其是从明清开始一直到现当代，随着“一边”句式的大量使用，“一边……一边……”结构在现代汉语中也逐渐固化。

三　认知原因

“一边”类关联标记的固化与人们的认知有着密不可分的联系，随着人们对自身和自然界认识的加深，人们通过隐喻的手段将对自身的认知投射到对自然界的认知上，隐喻将具体的范畴投射到其他较为抽象的范畴上。“边”从具体实物的一个边缘，到事情的一方面，这在表义上就逐渐模糊化，意义也开始虚化。“边”可以表示方位，关联标记“一边”的形成原因和隐喻也有密不可分的联系。某一物体的“一边（一端）”和“另一边（另一端）”；某一事件的“一方面”与“另一方面”都存在一定的联系。而也正是在这一情况下，表示“空间方位或其他关联”的数量短语“一边”能够“隐喻”在“同一时间相继、交替发生的两个（多个）动作或事件”。总之，无论在我们的认知层面还是在语言的句法层面均存在着“像似性”，认知上是一种“隐喻”，而语言表达则呈现出“句法像似性”。

复句关联标记“一边”正是由于表示空间方位义的“一边”隐喻而来，因此，在我们对这样的事物、情景进行描述时，由于动作变化而引起空间位置的变化就成为我们进行认知的重要角度和手段。对单个的动作的认知可以是这样，对两个或多个动作同时发生的认知也可通过“空间隐喻”来实现。即便是像“一边想，一边写”这样的句子，两个动作也不全是具象的，但是本身由于动作产生/发生的位置不同同样可以看作是一种“空间隐喻”。“一边”等词语固化为复句关联标记之后，由于表示几个动作（两个以上包括两个）同时发生或进行，因此在句中一般都处于动词或动词短语之前并与之直接相连。

固化为关联标记之后，“一边”等关联标记的分布也相对固定化，常见的分布位置就是直接置于动词短语之前或者是在一个小句句首，固化为“一边+VP1，一边+VP2”这样的框式结构，并关联并列复句。分布和功能的相对固定也使得“一边”类关联标记的使用情况表现出单一性的特点，它们只专门用于“表示一个动作跟另一个动作同时进行”这样的复句中。

第八章

并列复句关联标记“一来……二来……”的历时研究

《现代汉语八百词》（增订本，2005）指出，“一来”是现代汉语中用于表示原因的连词，常用的形式为“一来……，二来……”，甚至是“三来……，四来……”，以连接表示原因或目的的小句，常用在口语之中。《现代汉语词典》（第 7 版）指出，“来”，助词，用在“一、二、三”等数词后面，列举理由。《现代汉语虚词词典》（张斌，2005）认为，“来”用在数词后面，表列举。研究发现，“一来……二来……”句式在汉语中是一种较常见的句式，从“来”到“一来”，再到“一来……二来……”成对出现关联并列复句，期间经历了比较漫长的发展过程，下文试图从句法、语义和语用等角度来探究并列关系框式结构“一来……二来……”的语法化过程及其动因。

第一节 “一来……二来……”句式的演变历程

通过考察北大语料库（CCL）中的相关语料，我们发现，“一来……二来……”表示并列关系的句式在早期先秦两汉文献中都没有相关的用例，宋代以前的文献中多是“来”字单独使用，由彼至此，由远到近，和“往”相对，“一来……二来……”句式最早出现在南宋文献中，共有 4 个用例，有一例“一来……二来……”已作为并列关系框式结构，其余用例和“往”相对使用。而到了元代，在 164 个相关用例中，已有 112 例是“一来……二来……”成对的使用，尤其是元代杂剧和散曲中很常见，但并不全是表示并列关系，也还没有凝固下来。到明代，“一来……二来……”表并列关系的句子大量出现，而到清代基本固定化，最后到现当代，“一来……二来……”作为表并列关系的关联标记用法彻底定型。

一 宋元时期

《诗》曰：“诒我来麰。”“来”的本义是“小麦”。从《汉语大词典》（1990）对“来”的释义可以看出，“来”字共有十几种义项，最常用的是由本义假借而来的与“往”相对的动词“来”。如：①

（1）有朋自远方来。（《论语·学而》）

（2）乐往必悲生，泰来犹否极致。（《唐诗三百首·遣怀》）

（3）忽见那厢来了一僧一道。（《红楼梦》第一回）

南宋以前的相关语料文献中，框式结构“一来……二来……”表示并列关系的用例尚未出现，“一来”多是数词“一”和动词“来”紧密结合，表示“来一次”的意思，是动词短语。如：

（4）自尔後，数日一来，不复隐形，便不去。（《搜神后记》卷六）

（5）门人谓曰：“昔袁公慕君，礼命五至，君义不屈；今曹公使一来而君若恐弗及者，何也？”畴笑而应之曰：“此非君所识也。”（《三国志·田畴传》）

（6）后三四日一来。即乘辎车并。（《全唐诗·鱼山神女祠歌》）

（7）后乃不复居寺，或旬月则一来耳。（《太平广记》卷六十二）

（8）儒生曰：“有道者五六人，每三两日即一来。不知居处。与其虽熟，即不肯细言。”（《太平广记》卷六十二）

到了南宋，动词短语“一来”仍然保持着稳定的出现率。“一来”与“一往”对举使用的现象在南宋开始出现，并日趋稳定。南宋时期，这一

① 本章语料均来自北京大学中国语言学研究中心 CCL 语料库，例句后均有具体出处。

用法大量出现在《朱子语类》中，作为流传广泛的儒家经典，在某一程度上也推动了“一来”这一用法的发展。如：

(9) 一感一应，一往一来，其理无穷。(《朱子语类》卷七十二)

(10) 大凡这个都是一屈一信，一消一息，一往一来，一阖一辟。(《朱子语类》卷七十六)

(11) 凡一死一生，一出一入，一往一来，一语一默，皆是感应。(《朱子语类》卷七十二)

本时期的“一来”，虽然仍为表示“来一次”的动词短语，但数词“一”与动词“来”之间逐渐凝固，“来”的动词性也逐渐弱化。随着语言的发展，这种形式的“一来”短语继续发展，逐渐与“一往/去/回”形成对举的用法。如：

(12) 一动一静，一往一来，是错用心。(《佛语录·五灯会元》)

(13) 一去一来松上鹤。(《佛语录·古尊宿语录》)

从上述例子中，我们不难发现，本时期的“一来”虽然仍是“一”为数词，“来”为动词，但是它们有时已经不再表示具体的“谁来一次”，而是表示“来一次”这个状态或过程，它具体确指的动词义已经开始弱化。“一往一来”与“一生一死”“一语一默”“一出一入”相对，后面的“一生、一死、一语、一默、一出、一入”并不是表示具体的一次动作，而是表示完成一次这种动作的整个过程，可见“一往一来”也不例外。

元代，“一来……二来……”的这种用法大量在话本、杂剧中出现，这两种文学形式最贴近人们的日常生活，可见，“一来”在大众日常用语中已由原来的动词短语渐渐凝固成一个独立使用的词语。此外，出现了“第一来”这种表序的用法。“一来……二来……”与“第”连用，在“一来”前加上标示“顺序”的“第”字，构成“第一来……第二来……”格式，或者“第一来……第二来……第三来……”，标示原因依次列举。如：

(14)（杜将军上云）下官离了蒲关，到普救寺。第一来庆贺兄弟咱，第二来就与兄弟成就了这亲事。(《西厢记杂剧》第五本)

(15)【幺篇】第一来为压惊，第二来因谢承。不请街坊，不会亲邻，不受人情。(《西厢记杂剧》第五本)

(16)【后庭花】第一来免摧残老太君；第二来免殿堂作灰烬；第三来诸僧无事得安存。(《西厢记杂剧》第五本)

元代，“一来……二来……”关联复句也有了长足发展，可以找到其更多踪迹。“一来……二来……”关联并列复句的情况在元代杂剧和散曲中很常见，也有不与“第”字连用的用法，其中的“一”不再表示基数词，而是虚化成表示序数的“第一”，而“来”的动词性已经消失，与“一”紧紧相连，调节音节，没有实在意义，“一来……二来……”关联复句用来标示原因、目的的列举。如：

(17)（净）老夫今日一来相访，二来有一句话说。(《荆钗记》第四十三出)

(18) 收拾行装，同母亲直至刘弘伯父宅上，一来加官赐赏，二来报恩答义，走一遭去。(《元杂剧·施仁义刘弘嫁婢》)

(19)（末云）小生西洛至此，闻上刹幽雅清爽，一来瞻仰佛像，二来拜谒长老。(《西厢记杂剧》第五本)

(20) 晓谕通知，即日要徙中都路，一来军马临城，二来都堂法令，蝼蚁尚且贪生，为人岂不惜命？(《幽闺记》第十一出)

整个宋元时期是“一来……二来……”作为框式结构关联并列复句发展的萌芽阶段，较多出现在元代杂剧和散曲中，用来列举人物行为的原因。

下面我们对宋元时期“一来……二来……”框式结构使用的情况进行了抽样统计。见表 8-1 所示：

表 8-1　　宋元时期“一来……二来……”使用情况统计表

	第一来……第二来……	一来……二来……
佛语录·五灯会元	0	0
错斩崔宁	0	1

续表

	第一来……第二来……	一来……二来……
西厢记杂剧	14	44
全元曲·戏文	13	37

二 明代

明代，动词短语“一来”中的“一”已经逐渐从具体的表示“一次”的数词虚化成表示概数的意义，即表示“多次”，而“来”也开始逐渐虚化，它的动词性更加弱化，表示“到来”的这一动词义开始模糊，转而表示“反复的过程”，同时它与“一”更加凝固。如：

(21) 他两个一往一来的，在山坡下正然赌斗。（《西游记（下）》第八十五回）

(22) 洞门外，有一来一往的走兽成行；树林里，有或出或入的飞禽作队。(《西游记（下）》第二十六回)

(23) 你一上，我一下，你一往，我一来，杀做一驮，扭做一块。(《三宝太监西洋记》第十二回)

(24) 走了一会，又望山脚下一去；住了一会，又望西门上一来。(《三宝太监西洋记》第六回)

明代，“一来”与“二来”连用的情况已经十分常见，除了以上表示与“往”相对这一用法外，表示列举的用法也较多出现在句子中，关联并列复句的情况大量出现。构成“一来……二来……”结构，“一”与“二”只是表示概数，其后所跟成分并无明显的先后之分，只用于表原因或目的方面的列举。“一来”后边可连接词语，也可连接句子，构成“一来+句子，二来+句子”结构，从句子并列扩展到语篇并列，同时还出现了一些新的结构，“一来+句子/词，二来+句子/词，三来+句子/词”表示多种并列原因或目的之陈述。

明代，关于“一来……二来……”的用例较多，我们抽样考察了《二刻拍案惊奇》《五代秘史》《今古奇观》《初刻拍案惊奇》《喻世明言》《警世通言》《醒世恒言》《醒世姻缘传》等几部文献。通过以上文献语料的分析，我们发现，明代，“一来”与“二来”连用的情况已经十分常见，表示列举的用法也较多出现在句子中，关联并列复句的情况也已大量出现。“一来”常用于描述原因或目的的复句中，通常第一个分句先描述事件的结果，然后用“一来……”来叙述导致这一结果的原因，通常原因不止一个。“一来”位于表示原因的小句的句首，构成“一来是……，二来……”结构，用来阐述原因。如：

（25）今日将我的产业尽数让你，一来是见成事业，二来你父亲坟茔在此，也好看管。（《喻世明言（下）》卷三十九）

（26）俞伯牙讨这个差使，一来是个大才，不辱君命；二来就便省视乡里，一举两得。（《今古奇观（上）》卷十九）

此外，还出现了1例“一来是NP，一来VP”结构用法。如：

（27）军五千，火速请来，叩问前事。此时军中漏下，才是一更时分。他们一来是军令；一来念及同胞最好，便骑马冒雪而行。抬头一望，正好一派五台景色。（《英烈传》第六十九回）

随着语言的发展，句子省略成为VP，构成“一来+VP1，二来+VP2”结构，用来解释人物行为的目的性。如：

（28）合宫妃嫔闻得钦圣宫中御赐一个小儿，尽皆来到宫中，一来称贺娘娘，二来观看小儿。（《二刻拍案惊奇（上）》卷五）

（29）贺客盈门，倪太守开筵管待。一来为寿诞，二来小孩儿三朝，就当个汤饼之会。（《喻世明言（上）》卷十）

（30）蔡攸择日迎娶娇秀成亲，一来遮掩了童贯之羞，二来灭了众人议论。（《水浒全传（下）》）

需要指出，有两种情况：一是“一来”后边直接跟句子，构成“一来+句子，二来+句子”结构；二是“一来”后边用逗号，不直接跟句子成分，构成“一来，小句；二来，小句”结构。此两类均表示原因或目的的列举。如：

(31) 那几年好不老实的个孩子，如今，一来，这臭肉的年纪也忒大了；二来，也禁不的我们爷和他挤眉弄眼的。(《醒世姻缘传(中)》第五十五回)

(32) 大娘自到院家去，奴家情愿蓬首垢面，一路伏侍官人前行。一来官人免致寂寞，二来也替大娘分得些忧念。(《今古奇观(上)》卷十三)

(33) 那两锭银子只有二十两重，论起少年性子不希罕，就撇在地下去了。一来主人已去，二来只有来的使费，没有去的盘缠，没奈何。(《警世通言(下)》卷二十五)

(34) 存孝曰："我今饶你性命，你休要顺黄巢，径回曹州去，一来侍奉你八旬老母，二来把你本事学全了来见我。"(《五代秘史》第十八回)

与此同时，也有部分用例是"一来……二来……"的变体，如"一来……二则……"其意义和"一来……二来……"相同，均表原因等的列举，但是这类用法并不多见，只在少数文献中出现。如：

(35) 一来耳目众多，无处下手，二则恐玉英不从，喊叫起来，坏了好事。(《醒世恒言(下)》卷二十七)

(36) 却说汪为露病倒在床，一来他也舍不的钱去取药吃；二则他那小献宝赌钱要紧。(《醒世姻缘传(中》第三十九回)

(37) 都是丁利国这碗死水里舀，却也当真舀得干上来了。丁利国道："一来连年的积蓄也都使尽，二则两口子都有年纪上身，婆子也做不得豆腐。"(《醒世姻缘传(上)》第二十七回)

(38) 他说是邻村庄户之家，一来也是轮该到他身上合做乌大王的夫人，二则也因是继母贪图众家的六十……(《醒世姻缘传(中)》第六十二回)

"一来……二来……"的其他变体意义和"一来……二来……"相同，均表原因等的列举，"一来……第二……""一来……二者……""第一来……第二来……"如：

(39) 晁知县道：“那远处咱是去不得的，一来俺北方人离不得家。第二我也有年纪了，这太仓、高邮、南通州倒好。”(《醒世姻缘传（上）》第五回)

(40) 先是月娘对西门庆说：“孩子且不消教他往坟上去罢。一来还不曾过一周，二者刘婆子说这孩子囟心页门还未长满，胆儿小。”(《金瓶梅（崇祯本）》第四十八回)

(41) 尊居，暂住百日。一来守先师之丧，二者先师留下有什么著述，小子告借一观，以领遗训。(《今古奇观（上）》卷二十)

(42) 托赖皇天保护，日渐长大。我第一来要酬报佛恩，第二来要消灾延寿，因此请师父来商议。(《金瓶梅（崇祯本）》第五十三回)

一件事的理由可能不只两个方面，所以又出现了新的结构，“一来+句子/词，二来+句子/词，三来+句子/词”，但是此类结构的使用也不多见，只在一些特殊语境下出现，用来阐述第三种必不可少的理由，但一般情况下“一来……二来……”句式最常见。如：

(43) 赛儿听得这话，一来打动梦里心事；二来又见正寅打扮与梦里相同；三来见正寅生得聪俊。(《初刻拍案惊奇（下）》卷三十一)

(44) 一行十四五人，同走到前街朱三郎酒店里大楼上坐下。强得利一来白白里得了这两锭大银，心中欢喜，二来感谢众人帮衬，三来讨了客人开心。(《醒世恒言（上）》卷十六)

(45) 那先生一来见他不像个读书之人，二来见他老官儿也不像认真要儿读书，三来又贪。(《醒世恒言（上）》卷十七)

(46) 我彼时一来认不得家里，二来怕他那杀人手段，三来他说道到家就做家主婆。(《二刻拍案惊奇（下）》卷二十二)

(47) 一想道：“闻得京都繁华去处，花柳之乡，不若借此事由往彼一游。一来可以索债，二来买笑追欢，三来觑个方便，觅个前程，也是终身受用。”(《今古奇观（下）》卷二十二)

(48) 今我兵微弱，战、守两难，奈何、奈何！我的主意：不如开城投降，一来可救百姓的伤残；二来顺天命之所归；三来我们还有

个出头的日子。(《英烈传》第二十回)

下面我们对明代"一来……二来……"框式结构的使用情况进行了抽样统计。见表 8-2 所示：

表 8-2　　明代"一来……二来……"框式结构使用情况统计表

	一来是 NP，一来 VP	一来+VP1，二来+VP2	一来+句子，二来+句子	"一来……二来……"的变体
二刻拍案惊奇	1	16	15	3
五代秘史	0	3	1	1
今古奇观	2	28	1	2
初刻拍案惊奇	6	12	2	11
喻世明言	0	8	4	1
警世通言	2	12	5	8
醒世恒言	6	29	12	21
醒世姻缘传	3	29	5	17

由上表可知，明代"一来"与"二来"连用的情况已经十分常见，表示列举的用法也较多出现在句子中，关联并列复句的情况大量出现，构成"一来……二来……"结构，用于表原因或目的的列举。"一来"后边可以带词，也可以带句子，构成"一来+句子/词，二来+句子/词，三来+句子/词"表示多种并列原因或目的的陈述。明代，关于"一来……二来……"的用例较多，"一来……二来……"框式结构关联并列复句的用法已具有明显优势。整体而言，明代是"一来……二来……"框式结构关联并列复句的快速发展阶段。

三　清代

在清代，我们抽样考察了《七剑十三侠》《七侠五义》《儒林外史》《儿女英雄传》《官场现形记》等几部文献。通过以上语料分析，我们发现，此阶段属于"一来……二来……"作为并列关系框式结构的进一步发展期，延续明代的用法，"一来"单用的情况逐渐变少，本时期"一来"作为助词构成"这+一来"的结构比较多见，"一来"跟"这"连用，其意义为"某人或某事物出现的情况"，但由于有了"这"，其指示作用增强，指向更加明确，表示“某人、某物或某种情况的发生”。如：

(49) 焉能有萧家父子与大众的命在？张奇善待我恩高义重，他们这一来，岂不叫张奇善看咱们不够朋友？(《三侠剑（上）》第二回)

(50) 无精打采，垂头丧气，出离了府衙，乘着坐骑说道：“王教师，这么一来更糟啦，大人气怒之间，也没吩咐和尚的人头验不验。”(《三侠剑（下）》第六回)

(51) 错非在九龙山动手，要是在别的地方，就将他们都结果了性命。这么一来，这叫人情两尽，还引不起大风波来。(《三侠剑（下）》第七回)

(52) 笑，还想要用言遮饰。不料章秋谷当时取出戒指，送到畹香面前。这一来，把个陆畹香逼得目定口呆，好似那深山樵子忽闻虎豹之声。(《九尾龟（一）》第三十三回)

(53) 这些事情，虽是不干我事，却不是不替他虚到这层；况且今天这样一来，将来这位小姐自然是无家可归的了，你又不得不格外体贴他些。(《九尾龟（二）》第五十五回)

相比明代，清代“一来”后边直接用逗号的情况增多，构成“一来，……；二来，……”结构，逗号起到舒缓语气的作用。如：

(54) 刻便想拿说媒的那把蒲扇。倒是安老爷不肯。这安老爷不肯的原故，一来，为姑娘孝服在身；二来，想着这番连环计原是卫顾姑娘的一片公心……(《儿女英雄传（下）》第三十三回)

(55) 俩姑奶奶合我讲究了这么好几天咧。这么着好啊，早就该打这主意。一来，亲家，咱俩坐下轻易也讲不到这上头；二来，我的嘴又笨，不大管说……(《儿女英雄传（下）》第三十三回)

值得注意的是，“一来……二来……”成对出现在句子中表示并列关系的情况越来越多。如：

(56) 今已数年之久，原打算相公进京赴考时，妾身意欲同相公

一同起身，一来相公赴考，二来妾身亦可顺便探望母亲。(《七侠五义（上）》第二十三回)

(57) 我早已料道你听见这信必赶出来，所以打发梁材兼程进京。一来为止住你来，二来也为将家里现有的产业折变几两银子，凑着交。(《儿女英雄传（上）》第十二回)

(58) 还要我去拿话吓他："这事弄破了，一来与你无益；二来钦案官司，过司由院，一路衙门你都要跟着走。"（《儒林外史（上）》第四回)

(59) 二位老先生上席，斟酒奉过来说道："本该请二位老先生降临寒舍，一来蜗居恐怕亵尊，二来就要进衙门去，恐怕关防有碍。"(《儒林外史（上）》第四回)

(60) 只因窦琏年老，每逢出外买货，带着庆喜同去，一来路上陪伴，二来好教他见识生意之道。(《七剑十三侠（上）》第二十四回)

与此同时，"一来……二来……"的变体"一来……二则……"尚在，表示的意义和"一来……二来……"相同，表示原因列举，但是这类用法显然已很鲜见。如：

(61) 若论工上的差使，总得熟手才可以委。现在说不得了，一来要看周中堂的分上，二则抚台又有过信来。(《官场现形记（上）》第二十三回)

(62) 大家听了，一来是本官作主，二则又得若干东西，就不分书吏、班头、散役、仵作。(《儿女英雄传（上）》第十一回)

(63) 那为头的便吩咐道："你二位这荡可莫当儿戏。一来要守十三妹姑娘的规矩，二则要保山寨的脸面，讲不得辛苦。"(《儿女英雄传（上）》第十一回)

(64) 二人先谢了出来，暗暗的告知众人。大家听了，一来是本官作主；二则又得若干东西，就不分书吏班头，散役仵作。(《侠女奇缘（上）》第十一回)

一般情况下，"一来……二来……"句式最常见，"一来……二来……三来……”的使用与明代相比有所增多，用来表示人物行为的目之列举，句子中一般会有特定的人物作主语来实施行为动作。如：

(65) 实对二哥说罢，小弟此番前来，一来奉着钦命，二来包相钧谕，三来大哥的分派，故此装模作样，扮成这番。(《七侠五义(下)》第六十四回)

(66) 是仁兄雄心过豪，不肯下气，所以我等略施诡计，将仁兄诓到此地。一来为匡扶社稷，二来为成全朋友，三来不愧你我结拜一场。(《七侠五义(下)》第一百一十九回)

(67) 他所以特地预早一个月奔了前去：一来拜亲家的寿，二来顺便看看女儿，三来再打两百块钱的秋风。(《官场现形记(上)》第十七回)

(68) 第二天统领吩咐预备一桌满、汉酒席，又叫了戴老四的洋派船：一来应酬相好，二来谢媒人，三来请朋友。(《官场现形记(上)》第二十九回)

随着语言的进一步发展，一些“一来……二来……三来……”的变体也出现了，“一来……二则……三则……”“一来……二来……三则……”和“一来……二来……再者……”结构出现在句子中，但数量很少，并且只出现在特殊语境中，用来连续列举三个重要的原因。如：

(69) 自己想：“这事王道台那里虽说也有电报，我明天须得去见他一见：一来敷衍他的面子，二来前头虽说彼此有点嫌隙，就此也可说开，三则他如……”(《官场现形记(上)》第十回)

(70) 如今请个先生，一来教三黑些书籍；二来有为难的字帖，亦可向先生请教；再者三黑学会了。(《七侠五义(上)》第二回)

为了更直观地展示清代“一来……二来……”框式结构的使用情况，我们对相关语料进行了抽样统计，见表8-3所示：

表 8-3 清代"一来……二来……"框式结构使用情况统计表

	一来，……；二来，……	一来……二来……	一来……二来……三来……	一来……二来……三来……的变体
七侠五义	2	86	21	15
七剑十三侠	10	23	13	4
儒林外史	1	15	9	8
儿女英雄传	3	33	16	12
官场现形记	1	26	22	14

由上表可知，此阶段"一来……二来……"框式结构成对出现在句子中主要表示并列，其他用法依然存在。在"一来……二来……"基础上出现了新的结构形式。整体而言，清代是"一来……二来……"框式结构关联并列复句的进一步发展期。

四 现当代

民国以后直到现当代，汉语发生了巨大变化，在对北大语料库的相关语料作分析后发现，本时期"一来……二来……"关联并列复句的情况越来越趋向固定化并且只用来表原因的列举。在现当代阶段，情况比较复杂，多种形式和意义的"一来"共存，"一来"可以是指称性动词短语，表示"来一次"或者"多次反复"，如，"一来一去"；"一来"可以是助词，用来引起下文或者标示原因，如，"这样一来"；"一来"可以和"二来"组成框式结构，列举原因，如，"我不想去，一来天气不好，二来我不舒服"。由于"一来"自身的复杂性，所以一般辞书还未将其作为一个词来对待。

在现代汉语阶段，关于"一来"最常见的用法有两种，一种是"一来"和指示代词"这么""那么"连用，组成"这么一来""那么一来"等结构，"一来"已完全固化成一个没有实义的虚词，具有连接功能，连接句子时用来引出并标示原因。如：

(71) 可能比我写的更像戏剧。我感谢这种建议，可是不能采用，因为那么一来，我的葬送三个时代的目的就难达到了。（老舍《答复有关〈茶馆〉的几个问题》）

(72) 齐凌云哟，那么一来，不就得少卖点吗？郑书记，咱们这

是社会主义的商品呀！（老舍《女店员》）

（73）这么一来，两个对立的阵营的紧张的空气，起了大变化，好多人的斗争情绪缓和……（周立波《暴风骤雨》）

（74）或者说：人无空劳往返之忧，兽无误落陷阱之忧。如此一来，人兽平等是平等了，其奈大家无忧无乐，统统活得不起劲何？（苏青《第十一等人》）

（75）书出版了，她更加毫不在意的数她一针，二针几十针，几百针。这样一来，做丈夫的便不想跑出去，也准得寻件事来大吵大闹一场了。（苏青《论夫妻吵架》）

另一种是“一来”和“二来”配对构成“一来……二来……”这样的框式结构，关联并列项，与之前不同的是，本阶段“来”后常连接“是”“是因为”，构成“一来是……二来是……”“一来是因为……二来是因为……”这样的格式，用来列举原因。如：

（76）坐在屋中，他只盼望出来一两位替他争理说话的人，一来是别人的话比自己的话更有力，二来是有人出来替他争气，总算他过去……（老舍《四世同堂》）

（77）现在，我已有了这份家，只能给她一百五十元了。一来是为惩罚她，一来是不教我的预算增加太大了。（老舍《残雾》）

（78）这时候，七号的，还有别的院子的人，都到冠家去献金，一来是为给李四爷一点难堪，二来是冠家只按两块五一斤收价。（老舍《四世同堂》）

（79）或可爱的字。他真喜爱它们，看了还要再看。他锁上房门去看它们，一来是为避免别人来打搅，二来也是怕别人笑他。（老舍《恋》）

（80）他已有点讨厌拉散座儿了，一来是因为抢买卖而被大家看不起，二来是因为每天的收入没有定数。（老舍《骆驼祥子》）

另外，“一来为的是……二来为的是……”“一来因为……二来因为……”“一来为怕……二来怕……”等结构，也用来列举原因。如：

（81）三仙姑去寻二诸葛，一来为的是逞逞斗气的本领，二来为

的是遮遮外人的耳目。(赵树理《小二黑结婚》)

(82) 老三正在床上躺着，看一本线装书——洋书都被大哥给烧掉，他一来因为无聊，二来因为要看看到底为什么线装书可以保险，所以顺手拿起一……(老舍《四世同堂》)

(83) 他可是没有开口，一来因为怕太太不了解，二来他觉得自己的生活恐怕也不尽合理，要不然他……(老舍《四世同堂》)

(84) 她不是不能多给方先生几块，而是不肯，一来为怕自己落个冤大头的名儿，二来怕给方先生惹祸。(老舍《善人》)

从语义发展的角度来看，“一来”的语义经历过一次由实到虚，功能逐渐扩展的语法化过程。连词“一来”是由动词短语“一来”的谓词性不断弱化而产生的。在连接分句或句子时，可用于连接导致结果的多个原因，从而起到关联因果关系的作用，所关联的结果通常位于原因之前。“一来……二来……”的特别之处，除了提示原因，还带有列举的意味，这是由数词“一”“二”赋予它的一个功能，所以常用来进行列举。如：

(85) 你要是肯呢，就让他们订了婚，一来好叫他放心，二来他可以出钱送她进学校，念得好好的不念下去。(张爱玲《连环套》)

(86) 他说：“你同意了，咱们就想个办法：咱们跟有翼直接说话不行——一来有翼怕玉梅不赞成他，他就不敢答应咱们；二来我去跟有翼说这话。”(赵树理《三里湾》)

(87) 修福老汉一来觉着孙孙白狗已十九岁，也是娶亲的时候了；二来自己家业不大。(赵树理《李家庄的变迁》)

(88) 孙屎根考虑打仗这个计划，还有三点没有给政委谈出来，一来是他刚到县大队，想打一个漂亮仗露露脸；二来这个大队没有大队长……(刘震云《故乡天下黄花》)

“一来……二来……”的其他形式仍然存在，“一来……再则……”形式，“一来……二来……三来……”还有在“一来……二来……三来……”的基础上出现的新结构，“一来……二来……三来……四来……”的用法，如：

（89）经过几番盘算，他想先动手著作，一来表示自己并非假充斯文，再则著作也可导致做官。（钱钟书《猫》）

（90）大家对喜福的意见，提一千条也有，可是一来没有准备，二来碍于老恒元的面子，三来差不多都怕喜福将来记仇。（赵树理《李有才板话》）

（91）开船前两天，鸿渐夫妇上山去看辛楣，一来拜见赵老太太，二来送行，三来辞行，四来还船票等等的账。（钱钟书《围城》）

综上所述，“一来……二来……”的语法化也是一个连续渐变的过程，从“来”字本义到“一来……二来……”成对出现关联并列复句，经历了比较漫长的发展过程。宋元时期是“一来……二来……”框式结构关联并列复句的萌芽阶段。“一来”出现以来，虽然最初它不是一个词，但作为动词短语，它还是有具体而实在意义的，即“来一次”，其中“一”表示具体的数，而“来”是动词“到来”的意思。然而发展到宋元时期，数词“一”已经发展出了新的意义，即由原来的基数词发展到表序的意义，即“第一”。这样，由于“一”的这种词义的扩展，使它与“来”继续结合，使“一来”所在的谓语位置有了变化的可能性。由于“一”在此表示“第一”，那么它便有了表示列举的功能，所以它可以从谓语位置移至两句中间，从而发展出关联功能，而此时“来”的动词性已经完全消失，与“一”完全融合形成了“一来”并与“二来”组合成框式结构关联复句，起到列举原因的作用。“一来……二来……”框式结构也较多出现在元代杂剧和散曲中，用来阐述人物行为的原因。

明代是“一来……二来……”框式结构关联并列复句的初步发展阶段。本阶段“一来”单用表示“一方面”的情况仍然存在，但是“一来……二来……”框式结构表并列已具有明显优势，但是还没有固定化。构成“一来+V，二来+V”结构，表原因或目的的列举，“一来”后可连接词，也可连接句子，构成“一来+句子，二来+句子”结构，从表示句子并列扩展到语篇并列，也出现了一些新的结构，“一来+句子/词，二来+句子/词，三来+句子/词”表示多种并列原因或者目的的陈述，还出现了“一来……二来……”的变体形式，“一来……二则……”“一来……第二……”，这两个格式的意义和“一来……二来……”相同，均表原因等的列举，但这两类格式的用例不多，只偶见于少数文献中。

清代是“一来……二来……”框式结构关联并列复句的持续发展阶段。本阶段“一来……二来……”框式结构的用法主要还是成对出现表示并列，“一来”单用表示“一方面”的用法明显减少，“一来……二来……”的变体“一来……二则……”依然存在。“一来+句子/词，二来+句子/词，三来+句子/词”的使用与明代相比有所增加，用来表示人物行为目的之列举，句中一般会有特定的人物作施事性主语。一些“一来……二来……三来……”的变体也出现了，“一来……二则……三则……”“一来……二来……三则……”“一来……二来……再者……”结构纷纷登场，但用例鲜见，只出现在特殊语境中，用来连续列举三个重要的原因。

现当代，“一来……二来……”框式结构关联并列复句的情况越来越趋向固定化，该结构一般只用来表示列举原因，其他用法已不多见。同时出现了“一来……再则……”结构，在“一来……二来……三来……”的基础上还出现了新的结构——“一来……二来……三来……四来……”这些结构均用来关联并列复句。

第二节 “一来……二来……”句式演变的动因

基于前文的研究，并结合认知语言学等理论知识，我们从句法、语义、认知等多个方面入手，分析“一来……二来……”框式结构语法化的内部和外部原因，研究表明，该结构的语法化是多重因素叠加的结果。“一来……二来……”框式结构的语法化是一个历时发展过程，下面将从句法位置、语义表达和认知规律几个方面来探讨该框式结构的语法化动因。

一 句法位置

“考察汉语的历史发展，可以看到，虚词一般是某一个实词的词汇意义首先发生变化，变化到一定程度，又引起这个词的功能发生变化，变化到只在语句中起某种作用而失去了他原来的词汇意义，也就是说，由词汇单位变成了语法单位”。（刘坚，1993）研究发现，“一来”的虚化完全符合以上规律。

最初"一来"不是一个词，是一个动词短语，有具体意义，即"来一次"。宋元时期，动词短语"一来"的动词性逐渐减弱，开始发展为指称性的短语"一来"，但此类"一来"的使用受到较大限制，它一般与"一往/去"对举使用于句子之中。此时，数词"一"发展出了新的意义，即由原来的基数词发展为序数词，即"第一"。由于"一"词义得以扩展，并与"来"继续结合，使"一来"所处的谓语位置有了变化的可能性。即"一"在此表示"第一"，那么它便有了表示列举的功能，它可以从谓语位置移至两句中间，从而发展出连接的功能，并发展为连词"一来"，用来连接表示原因的小句，形成"一来……，二来……"格式。而此时"来"的动词意义逐渐消失，与"一"融合形成了"一来"这个新的连词，起到列举原因的作用。在下面的例子中，"一来"均表示原因的列举。如：

(92) 官府立限缉获沈襄，一来为他是总督衙门的紧犯，二来为妇人日日哀求，所以上紧严比。(《喻世明言·沈小霞相会出师表》卷四十)

(93) 吃了这几年安逸茶饭定害庵中，心中过意不去；如今不免出外托钵，一来也帮赔庵中，二来往仪真一路去，顺便打听孩儿消息。(《警世通言·苏知县罗衫再合》卷十一)

(94) 晓谕通知，即日要徙中都路，一来军马临城，二来都堂法令，蝼蚁尚且贪生，为人岂不惜命？(《幽闺记》第十一出)

由于文献资料的缺乏，从动词短语"一来"到连词"一来"期间未发现有明显的过渡形式，不过，因为宋元时期，连词"一来"基本都出现于话本之中，我们猜测，这种新用法最初可能产生于某一地区的白话之中，作为民间口语使用，后来经过一段时间才作为一种普遍的用法被社会所接受。所以，同其他实词或短语一样，"一来"的语法化也表现为形式和语义两个方面。形式上主要表现为句法位置的变化，而语义上则表现为语义的泛化。

二 语义表达

从语义的角度说，当人们将两种或两种以上的事物或现象并举时，常常在先后、大小、好坏、重要次要、熟悉生疏等平面上对所列举对象进行区分，并习惯上常把用来指称在前的、大的、好的、重要的、熟悉的事物或现象放在并列结构的起首，而把在后的、小的、次要的、生疏的事物或现象放在次末。这就是语言的显著性原则和熟悉程度原则。换句话说，从语义的角度来看，关乎自身的和大家普遍熟知的事情更容易得到人们的首先关注，这样在排序上就决定先后顺序。

“一来……，二来……”除关联并列复句以外，还有一个独特的功能，即排序功能。“一来”配套使用，在表述因果关系时，客观上会形成一个有规律可循的原因序列，这种序列可归纳为两个方面：与自身相关性和大众对原因熟悉的程度，而决定这两种情况的原则是显著性原则和熟悉程度原则，“一来”后面一般连接两种原因项中等级最高的那项。“一来”在连接多个并列原因时，并不是随意排列，而是遵循了显著性原则和熟悉程度原则来排列原因的先后顺序。同时，制约其排序的因素有两个，即内部因素，主要是语义因素；外部因素，主要是认知因素和语境因素。这些都是其排序的决定因素。所以，“一来”的虚化轨迹是，从动词短语“一来”发展到宋元时期，原来基数词“一”虚化为基数词“第一”，动词“来”的动词意义逐渐减弱甚至消失，“一来”的意义虚化、结构定型，并最终虚化为关联并列复句的关联标记。

三　认知原因

认知语言学认为，自然语言作为人类最重要的交际工具，它在本质上是人类认知世界，通过心智活动将感知到的外在现实加以概念化，并将其编码的结果。而语法化作为人类语言发展演变的一种现象，也反映这样一种情形。任何一种语法化的发生，都是人类认知发生改变的结果。从某种程度上说语法化其实也就是人类认知域发生了改变。语法化发生时人们的认知起着重要作用，它的功能的转变受人们认知的影响和制约，所以语法化后的单位仍然跟原单位有一定的关系。而这种关系也正是语法化发生时人类认知可能达到的程度。语法化的发生主要通过隐喻、隐喻模式、转喻和转喻模式来实现的。隐喻模式是指从一个命题模式或意象图式模式的某个认知域映射到另一个认知域里相应的结构上。转喻模式是指在命题模式、意象图式模式和隐喻模式的基础上，使其中某个成分与另一个成分发生联系。虚化的研究不能脱离人类大脑认知上的适应性变化，不能单纯地在语言结构里寻找答案。人类认知总是遵循从具体到抽象的规律，由于人类认知能力的局限和认知的需要决定了人类在表达抽象概念时选用暗示的方法，表现为隐喻的盛行。广义隐喻是虚化最主要的驱动力。隐喻是用具体概念表达抽象概念的方式，与“语法化”的演化倾向“具体到抽象或从不太抽象到更加抽象”的路径是一致的。人们只能借助较为具体的空间来把握更为抽象的时间。除此之外，Hopper & Traugott（1993）在《语法化》一书中还提出类比、重新分析、更新现象、强化现象、叠加现象等语法化过程。但是，不论是哪一种情形，其前提和实现途径都需要依靠人类的认知及其发展。所以，我们认为认知是语法化的触发点和途径。

从前文有关“来”的语法化的研究中，我们发现，充当谓语动词的“来”表示的是一个具体的动作，人的认知域投射在过程上；充当补语的“来”表示动作趋向意义，表示人或物体向立足点所在的位置的运动的方向，人们的认知域在这个时候是投射到空间上的；而同样充当补语的“来”表示完成结果意义时，它表示的不再是一个具体的动作，也不再是一个运动方向，而是表示动作或事件的一种状态，这是由于人的认知域进一步发展在性质上所做的投射。而这种把一个模式从某个认知域映射到其他认知域里相应的结构上的情况即为我们在上文中多次提到的隐喻模式。

“来”的语法化的实现主要借助于隐喻模式来完成。动词“来”的意义为其源词意义，其充当补语时所表现出来的动作趋向义和完成结果义都是在此基础上借助于各种隐喻模式而产生的隐喻义。当我们要理解词语的引申义时，就要把源领域的经验投射到目标领域，从而认知、掌握目标领域，最终使得两个领域完成了互动。由于每个语义的领域都有自己不同的语义结构特征，所以词语在不同语义领域的互动必然会涉及到更深层次的整个语义范畴的对比和互动，而隐喻途径的侧重点不同会导致词的隐喻义的多种多样。正是基于以上这些认识，储泽祥（1998）提出“语义俯瞰”这一概念，意思是源词的意义在语法化后往往仍然控制或影响着新词的意义或新词分布的句法语义环境。他还认为，一个实词的意义可以分为两部分：一部分是涵盖义，另一部分是细节义。实词虚化以后，受损失的是细节义，涵盖义在很大程度上仍然保留着。借助于“来”的发展脉络，我们可以深刻地认识这一点：“来”最初的本义为有生命实体的事物从别的地方到说话人所在的地方（跟“去”相对），是一个具体的动作行为；“来”的其他语法意义就是以这一意义为原形隐喻成动作行为的方向，表示实现动词行为的状态，表示动作行为关系是否和谐，表示是否有能力或是否习惯做某事。我们可以发现虽然借助于隐喻，“来”完成了向不同领域的投射，从而具备了多个引申意义，但是这些引申义在很大的程度上都具有“从别的地方到说话人所在的地方（跟‘去’相对）”这一涵盖义。在“来”的语法化过程中，隐喻使得“来”语义虚化、句法泛化、语音弱化，并使得其由不足语法化到充分语法化再到过度语法化，最终使其演变成表意功能趋向于零的焦点标记成分。在“来”这一虚化过程中，隐喻是诱使其发生演变的一个重要动因。

总之，从上述几方面的论述中我们可以得知因为隐喻的运作，特征在词汇和语境的碰撞中重复发生作用，引起了词义的转移和扩展，造成了词语意义的泛化。赵艳芳（2001）认为隐喻是跨认知域的推理，是推理的一种重要形式，而泛化是隐喻推理的结果。另外，在语言的发展、演变中，语言始终要受到经济性原则和明晰性原则的制约，在这些语用原则的作用下，人们为了使自己的表达“省力”“经济”，就会采用尽可能少的语言形式来表达尽可能多的语法意义，从而从另一个角度导致了原语言形式的语义的泛化。语义的泛化是导致语法化发生的一个重要动因。在语法化的过程中词语具体实在的意义成分逐步减少，抽象虚化的意义成分逐步扩大。在充当外因的语用经济性原则和充当内因的隐喻的双重作用下，“来”的语义泛化，从表具体动作行为虚化为表示动作趋向义、完成结果义。而语义的泛化也最终导致“来”的句法功能发生了变化，由最初充当句子的谓语，演化成充当句子的补语并最终演化成不能从字面意义推测其真正意义的语用平面上的焦点标记，最终成为关联并列复句的框式结构“一来……二来……”

第九章

并列复句关联标记“一面……一面……”的历时研究

“一面……一面……”所关联的复句，也是汉语中一种较常见的句式。关联词语对句式的形成有重要的作用，反过来某个特定句式的句法意义和功能也会影响和制约该句式中的某个关联词语。从“面”字单用到“一”和“面”结合成“一面”，再到后来对举组成“一面……一面……”框式结构关联并列复句，期间经历了比较漫长的发展过程。“面”本义为“脸面”，进而引申为“物体的表面”，魏晋南北朝时期虚化为量词，用于称量“扁平状”事物。刘世儒（1962）也曾对量词“面”的产生及其演变作过论述，认为“面”本义为“脸面”，“面”是从名词虚化为量词并进而泛化的。我们将以大量的文献资料为基础，考察框式结构“一面……一面……”的语法化过程及其演变动因。

第一节 “一面……一面……”句式的演变历程

《说文解字》：“面，颜前也。从百，象人面形。凡面之属皆从面”，造字本义是“脸庞，指人的整个面部，整体像人的脸”。“面”的本义用法，如：[①]

（1）昔者卫灵公有臣曰公孙吕，身长七尺，面长三尺，焉广三寸，鼻目耳具，而名动天下。（《荀子·非相》）

① 本章语料均来自北京大学中国语言学研究中心 CCL 语料库，例句后均有具体出处。

《汉语大字典》对“面”字的释义共有17种，“面”由名词本义后来借代引申为“物体的表面，有时特指某些物体的上部的一层，方体的表面”，如：

（2）方之一面非方也，方木之面方木也。（《墨子·闲诂》卷十一）

后又引申为量词，“用于有面的边扁平片状物体”，比如，“一面旗”；再后又引申为“方向，边，层次”，比如，“南面，片面，方面”等意。

通过对北大CCL语料库中相关语料的分析，我们发现，“一面……一面……”关联并列关系的句式在宋以前的文献中多是“面”字单独使用，作量词或者表“方面”之意。如：

（3）山公与嵇、阮一面，契若金兰。山妻韩氏，觉公与二人异于常交。（《世说新语·贤媛》）

（4）今君一面，尽二难之道，可谓“明德惟馨”。（《世说新语·规箴》）

（5）诸将咸欲攻其新城，韶曰：“此城一面阻河，三面地险，不可攻。就令得之，一城地耳。”（《通典》卷十六）

一 宋元

宋之前还未出现“一面……一面……”成对表示并列关系的用法。最早较多出现是在北宋文献中，在204条相关用例中，已有19处是“一面……一面……”在句中成对出现，但并不全部是表示并列关系，也还没有凝固下来，多是“一面”单独使用，其量词用法、表示事物的某一个方面等义并存使用。北宋开始有了“一面……一面……”成对出现在句子中的用法，但并不多见，主要用法还是“一”和“面”紧密结合用作量词，再者，表示“见面、方面”之意的用法也比较多见。构成“一面+NP/AP，一面+NP/AP”格式用来形容或者说明某物体。先表具体的物体，有多个表面，后来发展为表抽象事物的几个方面，这符合人的普遍认知规律——从抽象到具体。此外，“一面……一面……”构成“一面+VP1，一面+VP2”的格式，表示动作行为同时发生。

首先，“面”用作量词，用于称量“扁平状”事物，“一”用来计数，“一面”是构成数量结构，如：

(6) 开成元年五月集贤殿御书院请铸小印一面以御书为文。(《册府元龟》卷六十一)

(7) 五年二月登州贡芝草三枝，十月，登州刺史刘福进牟平县得到芝草图一面。(《册府元龟》卷二十五)

(8) 使雒京内外蕃汉马步使朱守殷奏臣雒阳月波堤至立德坊南古岸得玉玺一面，上进伏以皇帝，陛下明德动天圣灵御宇遂使千年之瑞出於九地之间辉焕简。(《册府元龟》卷十五)

(9) 至十八年于东都独知选事，上赐金镜一面，以表清鉴。(《太平广记》卷一百八十五)

(10) 因郑仲履之问而言曰：“致知乃本心之知。如一面镜子，本全体通明，只被昏翳了，而今逐旋磨去，使四边皆照见。”(《朱子语类》卷十五)

(11) 逢遇相知人（德富氏本作“之”）回，附得家书一封，系鼓一面，滑石花座，五色绣衣，怨般戏具。(《大唐三藏取经诗话》卷一)

由以上用例可看出，“印章”“图”“玉玺”“镜子”“鼓”都是扁平状物体，类似人的脸面，这是认知域的映射。

语言中形式和意义不是简单的一一对应关系，在语言经济性原则制约下，往往是一个语表形式对应表达多个语里意义，“一面”还有表示“见一面、当面”之意，此时“一面”已经开始虚化，如：

(12) 凡十余载，未尝一面，而其庆吊不亏。韦公虽不言，而意甚怜之。(《太平广记》卷一百八十五)

构成“一面+AP1/VP，一面+AP2/VP”格式，该格式用来描写或说明事物多个面的性质或状态，此外还可关联动作和行为等，如：

（13）燮闻之，乃启殡发棺视之，唯存一帛。一面画作人形，一面丹书作符。（《太平广记》卷十二）

（14）尝譬如一箇物有四面：一面青，一面红，一面白，一面黑。（《朱子语类》卷二十三）

（15）志于学，是一面学，一面力行。至三十而立，则行之效也。（《朱子语类》卷二十三）

（16）德明问："向承见教，须一面讲究，一面涵养，如车两轮，废一不可。"（《朱子语类》卷一百一十三）

（17）更不去思量；却是今日持敬，明日去思量道理也！岂可如此？但一面自持敬，一面去思虑道理，二者本不相妨。（《朱子语类》卷一百一十三）

本阶段，"一面"的用法比较多样，"一面"成对出现在句子中构成"一面+VP1，一面+VP2"的格式连接并列复句的用法还非常少，名词、量词等用法并存，这符合语法化的规律，吴福祥（2003）总结了语法化的九条规律，其中第一条就是并存原则，"一种语法功能可能同时有几种语法形式来表示，新形式出现，旧形式并不立即消失，新旧形式并存"。整体而言，宋元时期是"一面……一面……"框式结构表并列关系的萌芽阶段。

二 明代

到了明代，"一面……一面……"表示并列关系的句子大量出现，此时期，"一面"成对出现在句子中的用法大大增多，连接并列复句的时候多在分句的前端，构成"一面+VP1，一面+VP2"的格式，表示动作行为同时进行，也有的是表事物对立的两个方面。但"一面"成对出现在句子中还并不全是固定表示并列关系，还未凝固，"一面"的量词用法依然多见。如：

（18）前制旗帜内已载，今定每十人为一小队，即伍也，置立木腰牌各一面。（《纪效新书》）

（19）操大喜。于是先发矫诏，驰报各道；然后招集义兵，竖起招兵白旗一面，上书："忠义"二字。（《三国演义（上）》第五回）

（20）统领精兵一万五千，路经德州平原县。正行之间，遥见桑树丛中，一面黄旗，数骑来迎。（《三国演义（上）》第五回）

（21）把个八叉神鹿角上敲了一敲，那个鹿就急走如飞，手里拿着一面鱼鼓儿，迎风幌一幌，就变成做丈来多长碗来粗细的一根生铁棍。（《三宝太监西洋记（二）》第二十九回）

（22）又望空一撇，那个镜竟奔长老身上来。长老把个钵盂仰一仰，那一面镜就吊在草里。羊角仙人看见两个宝贝都不灵神，心里慌了。（《三宝太监西洋记（二）》第三十回）

（23）大约去了有三个多日子，走过一所深山，山脚下一面石碑，碑上一行大字，写着“两狼山第一关”。（《三宝太监西洋记（二）》第三十六回）

“一面”的量词用法，在今天依然多见，不再赘述。明代关于“一面……一面……”的用例，我们抽样考察了《纪效新书》《三国演义》《三宝太监西洋记》《二刻拍案惊奇》《今古奇观》等几部文献。通过对以上文献语料的分析，我们发现，明代“一面”与“一面”连用的情况已经十分常见，连接并列复句表示列举的用法已很常见。“一面”和动词连用，构成“分句，一面+VP”结构，分句一般为主谓句，只出现一个“一面”，“一面”后边的动词性成分表达的意义和前边分句动作行为有顺承性或者持续性。如：

（24）俟稍整，又擂鼓追逐，一面分遣骑兵，各处山头林木，都要留人搜瞭，恐贼埋伏佯败，从来如此。（《练兵实纪》）

（25）如系公差人员，喝令到门上候禀，但报营外有人，一面严行整备以待。（《练兵实纪》）

（26）请令箭开放，赴中军回话，一面禀放闭营炮三声，落旗吹打，封闭营门。（《练兵实纪》）

（27）玄德即修书付简雍，使星夜赴许都求援；一面整顿守城器具。（《三国演义（上）》第十八回）

（28）操临卧处视之，令先回许都调理，一面使人打探吕布现在何处。（《三国演义（上）》第十九回）

在“一面”单独使用的基础上，随着语言的发展，同时为了突出动作行为的连续动态性，“一面+VP1，一面+VP2”格式逐渐成为主要用法，表示某一人物动作行为的两个方面，句首一般会有明确的人物作主语，如：

(29) 军卫有司提取官军，一面留差人等候，一面呈请主将，酌量时势缓急，事体轻重，摘发收问，如不详请，而擅听拘去者，同队同伙，该管官员，把总以下通治。(《练兵实纪》)

(30) 操从其计，一面发檄遣使赴东吴；一面计点马步水军共八十三万，诈称一百万，水陆并进，船骑双行（《三国演义（中）》第四十二回）

(31) 三宝老爷道：“今文从省，就叫做个胡钉角罢。”三位老爷一面起身，一面吩咐委官厚待那胡钉角，待明日奏过朝廷，拜他为师。(《三宝太监西洋记（一）》第十八回)

(32) 太守暗喜道：“取《金刚经》之计，只在此僧身上了。”一面把盗犯下在死囚牢里，一面叫个禁子到衙来，悄悄吩咐他。(《二刻拍案惊奇（上）》卷一)

(33) 孔明拜辞后主，复到汉中，一面发檄令李严应付粮草，仍运赴军前；一面再议出师。(《三国演义（下）》第一百零一回)

此外，“一面+VP1，一面+VP2”的格式，也表示做某一件事情的两个方面，通常两个方面同样重要。如：

(34) 张昭曰：“此非将军哭时也。宜一面治丧事，一面理军国大事。”权乃收泪。(《三国演义（上）》第二十九回)

(35) 一应掌印操陆管事军官，悉容职务在得人，一面因才授能，随时便宜更置；一面疏名分巡兵备道会详请用，及别衙门有所更置。(《纪效新书》)

(36) 临贼遇沮泽、深林、大山，不可擅即暗过，须据形势，一面搜索，一面禀复中军，听令再行。(《练兵实纪》)

(37) 张鲁闻之，问计于杨松。松曰：“一面差人去说与马超：

‘汝既欲成功，与汝一月限，要依我三件事。若依得，便有赏；否则必诛：一要取西川，二要刘璋首级，三要退荆州兵。三件事不成，可献头来。’一面教张卫点军守把关隘，防马超兵变。”（《三国演义（中）》第六十五回）

随着“一面……一面……”框式结构使用频率的增加，本时期，该类框式结构的使用形式也发生了一些新的变化，出现了三个或者多个“一面”连用的情况，“一面+VP1，一面+VP2，一面+VP3……”如：

（38）孙策分拨将士守把各处隘口；一面写表申奏朝廷，一面结交曹操，一面使人致书与袁术取玉玺。（《三国演义（上）》第十五回）

（39）元帅满口称扬，吩咐一面纪录司纪功，一面军政司设宴庆贺，一面取过银牌、彩缎、颁赏有差。（《三宝太监西洋记（三）》第六十六回）

（40）一面记功，王爷第一功，一面筵宴，大赏三军，一面请过天师、国师来。（《三宝太监西洋记（四）》第七十七回）

（41）番王道：“还在速行，迟则有罪。”一面差下文番官二十员，带领民快二百名，驾海梭船十只，水路上往东迎接；一面差小总兵二十员，带领精兵二百名，骏马二百多匹，旱路上往东迎接；一面着落左右头目，督率大小牙侩，会集番商，贸易番货，以备进贡；一面吩咐厨官，预备水陆奇品，各色杂剧，以备筵宴；一面收拾宫殿，铺茵列褥，座席器皿，海上仙香，以备款待。（《三宝太监西洋记（四）》第七十九回）

为了更直观地研究明代“一面”的使用情况，我们对明代五部文献中的相关用例进行了量化统计，如表9-1所示：

表9-1　　明代“一面”的使用情况统计表

	一面+VP	一面+VP1，一面+VP2	一面+VP1，一面+VP2，一面+VP3……
三国演义	84	28	19
三宝太监西洋记	15	35	35

续表

	一面+VP	一面+VP1，一面+VP2	一面+VP1，一面+VP2，一面+VP3……
二刻拍案惊奇	13	12	16
纪效新书	9	28	12
今古奇观	27	33	31

从上表中可以清楚地看到，本阶段“一面”的用法主要集中在量词和“一面”单用表示“一方面”，成对出现在句子中表示并列的情况已大量出现，但还没有固定化，其他用法依然存在。整体而言，明代是“一面……一面……”框式结构表并列关系的初步发展阶段。

三　清代

到了清代“一面”与“一面”连用的情况已经十分常见，除了固有的表示“事物的某方面”这一用意外，关联并列复句的情况已大量出现，并基本固定化。“一面+VP1，一面+VP2”或者表情状列举，或者表行为动作的同时进行，或者表心理活动的同时发生，“一面”后边可连接词，也可连接句子，构成“一面+句子1，一面+句子2”结构，也有部分语料显示，该结构已从句子并列扩展到了语篇并列。

在清代，我们抽样考察了《七侠五义》《七剑十三侠》《九尾龟》《大清三杰》等几部文献。通过对以上语料的分析，我们发现，本阶段“一面……一面……”作为框式结构关联并列复句的用法呈压倒性优势，此用法基本固定下来。

“一面”和动词结构连用构成“一面+VP”结构，只出现一个“一面”，“一面”后边的动词性成分表达的意义和前边分句动作行为有顺承性或者持续性，此用法和明代相似，依然存在。如：

(42) 只要拣一把寻常佩剑，那种一两八钱的，也可用得的了，一面说着，那人已把那一口剑，连这镀金嵌宝的鞘子，一并取下来。(《七剑十三侠（上）》第六十三回)

(43) 依臣愚见，不如收禁天牢，等待拿住罗德、徐鹤等为首正犯，一面申奏朝廷，将活口与俞谦对质过了，然后开刀。(《七剑十

三侠（上）》第五十回）

（44）见了朱宁、张锐，务要将俞谦拿问定罪，发诏拿捉羽党，颁行天下，一面吩咐大小将官及侍尉人等，严为防备。（《七剑十三侠（上）》第五十二回）

值得注意，“一面+VP1，一面+VP2”关联复句，表示动作行为由一个行为者发出，并已成为主要用法，如：

（45）那鸣皋一面打，一面留心看那罗季芳与马、白、徐、曹对垒，渐渐抵敌不住。（《七剑十三侠（上）》第四回）

（46）众家人慌得没有主意，又不知何人暗算，一面回家报信，一面背了李文孝，拥着回来。（《七剑十三侠（上）》第十三回）

（47）广东提台关天培，因见职守所在，一面飞报督辕，一面率领炮艇，保护城池。洋人见了炮艇，更加摧动鱼雷，步步进逼。（《大清三杰（上）》第五回）

（48）两个家人停船在那里，一面吩咐打捞尸首，一面到杭州府衙门投告。（《七剑十三侠（上）》第二十六回）

本阶段除了延续之前“一面+VP1，一面+VP2”的用法，“一面+VP1，一面+VP2”连接的复句开始和人物的语言行为结合，表示人物语言和行为动作发出的同时性，后边一般会出现和说话有关的字眼，比如以下例句中的“问”“念”“谈”“嚷”等字眼。如：

（49）四爷说：“你真没偷什么？”一面问，一面搜查细看。只见地下露着白绢条儿。（《七侠五义（上）》第十回）

（50）不到半点钟时，只见那少年立起身来，同着兰芬三人从右边转出，一面谈笑，一面慢慢的缓步往弹子房一带去了。（《九尾龟（上）》第七回）

（51）刘秉璋掩了双耳一会，一面放下手来，一面又问钱玉兴道：“你说说看究叫那个去问杏林呢？”（《大清三杰（下）》第九十五回）

为了更直观地研究清代“一面”的使用情况，我们对清代的部分语料进行了量化统计，如表 9-2 所示：

表 9-2　　清代“一面”的使用情况统计表

	一面+VP	一面+VP1，一面+VP2（行为动作）	一面+VP1，一面+VP2（语言动作）
七侠五义	4	6	10
七剑十三侠	14	89	16
九尾龟	25	59	29
大清三杰	8	183	12

从上表中可清楚地看到，在清代的这 4 部文献中，关于“一面”的使用，相比明代已经明显侧重于成对出现表示并列关系。

综上所述，本阶段“一面”的量词用法只在特定语境下出现，“一面……一面……”的总体发展趋势是表示并列关系的情况逐渐增多，此框式结构逐渐趋向固定化，在句意表达上，侧重表示人物语言和行为活动的同时性。

四　现当代

在对北大语料库（CCL）的相关语料分析后，我们发现，“一面……一面……”的使用频率有了较大调整，在 1030 个现当代文献用例中，仅有 137 个用例不表并列关系，其余“一面……一面……”框式结构均用来关联并列复句。这充分说明“一面……一面……”这一框式结构关联并列复句的用法已经固定化。此外，量词用法也已固定，在特定语句中出现，用来称量扁平状物体，如：

（52）白大嫂子和刘桂兰从农会东屋的大红躺箱里，起出一面红绸子旗子。（周立波《暴风骤雨》）

（53）她确实知道浅水湾附近，灰砖砌的那一面墙，一定还屹然站在那里。（张爱玲《倾城之恋》）

（54）霓喜站在通花园的玻璃门口，取出一面铜脚镜子，斜倚着门框，拢拢头发，摘摘眉毛，剔剔牙齿，左照右照。（张爱玲《连环套》）

（55）这是在什刹海的最南边，隔了一面残缺的墙，就是奔驰着车马的大路了，暂时闲散下来的车夫。（靳以《一人班》）

（56）最暴露在外面的是一张脸，从“鱼尾”起皱纹撒出一面网，纵横辐辏，疏而不漏，把脸逐渐织成一幅铁路线最发达的地图。（梁实秋《中年》）

本时期新出现了“一面是……，一面是……”结构，但该类用例鲜见。如：

（57）人们都用全部的力量在进行战斗，都睁大眼睛留心发生的事情，但一面是没有希望的没落的挣扎，一面是满怀希望的革命的行动。（周立波《暴风骤雨》）

（58）于是双方自然发生了冲突，一面是旗帜，木棒，呼喊与愤怒，一面是居高临下，一尊机关枪同十支步枪。（沈从文《桃源与沅州》）

（59）月下，却分明地看得出这是一把两刃的尖刀，刃边各刻着两个字：一面是“理智”，一面是“情感”，中间更有一行密字，写道：“撇了我罢，少年人！”（俞平伯《跋<灰色马>译本》）

在现当代文学作品中，最常见的还是“一面+VP1，一面+VP2”结构关联复句，陈述列举做一件事的两方面同样重要或者表示人物两个同时发生的行为动作。如：

（60）区分会指示咱们，一面继续把工人们都找回来，一面就着现有的人先成立骨干小组，马上找资本家违法的材料。（老舍《春华秋实》）

（61）荔枝，我向陈和叶三个人站在树下接。等到他们下地以后，我们大家一面吃荔枝，一面走回船上去。（巴金《鸟的天堂》）

（62）这里有许多东大的学生，一面品茶，一面看书，似乎是非常的潇洒快意。据说这个地方是东大学生俱乐部的所在。（梁实秋《南游杂感》）

（63）天色还未断黑，那漾漾的柔波是这样恬静，委婉，使我们

一面有水阔天空之想，一面又憧憬着纸醉金迷之境了。（朱自清《桨声灯影里的秦淮河》）

“一面+VP1，一面+VP2”关联复句，也表示人物语言和行为动作发出的同时性，后边一般会出现“说”“喊”“叫”“嚷”等字眼。如：

（64）不大一会，他往一个破旧的小草屋跑去，一面奔跑，一面嚷道：“妈呀，三营回来了。”（周立波《暴风骤雨》）

（65）四奶奶一面答应着，一面叫喊道：“来人哪！开灯哪！”（张爱玲《倾城之恋》）

（66）“有这么狠的父亲！”中年车夫慨叹地说了。“你现在住在哪儿？”他一面拉车，一面和小孩谈起话来。（巴金《一个车夫》）

（67）两人一面钓蛤蟆一面谈天，我方知道他下行时居然又到那绒线铺买了一次带子。（沈从文《老伴》）

（68）一面听着雨声，一面我自语似的对她说。（郁达夫《灯蛾埋葬之夜》）

“一面+VP1，一面+VP2”关联并列复句，“一面”后边的成分越来越趋向简化，有的只出现一个动词，动词后不出现受事对象，只是强调动作的同时进行。如：

（69）一个说：“合理才存在”。虽然没有听清楚他们究竟辩论的什么，却一面听，一面上，不知不觉上完了二百四十五坎。（聂绀弩《上山》）

（70）中国人懂得晚娘哲学，学会了“一面瞒，一面打”的方法。（夏衍《论“晚娘”作风》）

（71）我就欢喜看那些东西，一面看，一面明白了许多事情。（沈从文《我读一本小书同时又读一本大书》）

（72）“都齐备了，香，烛，黄表。”汪二蹲在地上，一面答，一面搽了火柴吸起旱烟来。（台静农《拜堂》）

（73）脆弱枝条上繁花如雪。我独自在院中划有方格的水泥道上来回散步，一面走一面思索些抽象问题。（沈从文《水云》）

（74）她说一点钟前还看过我写的那个故事，一面说一面微笑，且把头略偏，眼中带点羞怯之光，想有所探询，可不便启齿。（沈从文《水云》）

随着语言的进一步发展，出现了多个“一面”连用的情况，但并不多见，如：

（75）她一面听听里屋白玉山的鼾声，一面切肉，一面低声唱着秧歌调。（周立波《暴风骤雨》

综上所述，“一面……一面……”的语法化是一个连续渐变的过程，经历了漫长的发展过程。宋元时期是“一面……一面……”框式结构表并列关系的萌芽阶段。北宋开始有了“一面……一面……”成对出现在文献中的用法，但并不多见，主要用法还是“一”和“面”紧密结合用作量词或者表示“见面、方面”之意。此外，构成“一面+AP1，一面+AP2”格式用来形容或者说明某物体，先是具体的物体，有多个表面，后来到抽象的事物的几个方面，这符合人的认知规律，总是从抽象到具体。最后，“一面……一面……”构成“一面+VP1，一面+VP2”的格式，表示动作行为同时发生。

明代是“一面……一面……”框式结构表并列关系的初步发展阶段。“一面”成对出现在句子中的用法大大增多，连接并列复句的时候多处于分句的前端，构成“一面+VP1，一面+VP2”的格式，表示动作行为同时进行，也有的是表事物对立的两个方面。但“一面”成对出现在句子中还并不全是固定表示并列关系，“一面”的量词用法依然多见。此阶段“一面”的用法主要集中在量词和“一面”单用表示“一方面”，成对出现在句子中表示并列的情况已大量出现，但还没有固定化，其他用法依然存在。

清代是“一面……一面……”框式结构关联并列复句走向固定化的发展阶段。“一面”的量词用法逐渐减少，只在特定语境下出现，“一面……一面……”的总体发展趋势是表示并列关系的情况逐渐增多，此框式结构趋向固定化；在句义表达上，该结构侧重表示人物语言和行为活动的同时性。清代“一面”与“一面”连用的情况已经十分常见，除了固有的表示“事物的某方面”这一用意外，关联并列复句的情况已大量出现。“一面+VP1，一面+VP2”或者表示情状列举，或者表示行为动作的同时进行，或者表示心理活动的同时发生，“一面”后边可以连接词，也可连接句子，构成“一面+句子，一面+句子”结构，也有部分语料显示已经从句子并列扩展到了语篇并列。

现当代是“一面……一面……”框式结构表并列关系的最终固定化阶段。“一面……一面……”的使用频率有了较大提高，“一面……一面……”这一框式结构关联并列复句的情况已经固定化。在1030个现当代文献用例中，仅仅有137个用例不表并列关系，其余“一面……一面……”框式结构均用来关联并列复句，本时期“一面……一面……”框式结构关联并列复句的用法逐渐占据主流并且稳定下来。

第二节　“一面……一面……”句式演变的动因

前文研究表明，“一面……一面……”充当并列复句关联标记是因为在语言的使用和发展过程中，“一面”发生了固化。主要的表现就是词汇意义逐步虚化，结构关系上更加紧密，句法功能出现专门化倾向。此“一面……一面……”框式结构，由于其稳定的结构形式以及意义的搭配促使其朝着表示并列关系这一方向发展。下面我们将重点分析“一面……一面……”构式的语法化动因机制，结合认知语言学等理论知识，分析其语言内部和语言外部的因素，重点从句法位置，语义环境、使用频率和认知等方面来探讨该框式结构的语法化动因。

一　句法位置

从句式构造来看，“一面……一面……”句式在现代汉语中是一种较常见的句式，通过前文历时分析可发现，“一面……一面……”之所以能够关联并列复句，从“面”的本义“脸面”，进而引申为“物体的表面”，魏晋南北朝时期虚化为量词，用于称量“扁平状”事物，凡作用在平面的大都就可以用它来做量词，“面”是从名词虚化为量词并进而泛化的。

“一面……一面……”表示并列关系的句式在宋以前的文献中多是作量词或者表“方面”之义，“一”字还没有和“面”字紧密结合，还未出现“一面……一面……”成对表示并列关系的用法。北宋开始有了“一面……一面……”成对出现在文献中的用法，但并不多见，“一”和“面”逐渐紧密结合，表示“见一面、方面”之意的用法也比较多见。宋元时期，“一面”的用法比较多样，“一面”成对出现在句子中构成“一面+VP1，一面+VP2”的格式关联并列复句的用法还比较少，名词、量词等用法并存，这符合语法化的规律，吴福祥（2003）中总结了语法化的九条规律，其中第一条就是并存原则，“一种语法功能可能同时有几种语法形式来表示，新形式出现，旧形式并不立即消失，新旧形式并存”。明清时期“一面+VP1，一面+VP2”框式结构使用频率增多，结构形式也发生了一些新的变化，三个或者多个“一面……”的形式来连接并列复句，表动作和语言同时发生。虽有新的形式出现，但是“一面+VP1，一面+VP2”框式结构表示并列关系的用法随着“一面+VP1，一面+VP2”结构的进一步语法化，进入现代汉语中，逐渐占据主流并且稳定下来。

二　语义环境和使用频率

在语言经济性原则制约下，往往形式和意义不会是一一对应关系，一个语表形式会对应多个语里意义，“一面”有表示“见一面、当面”之意，此时“一面”就已经开始虚化。句法结构的变化必然会导致语义的变化，在“分句，一面+VP”结构的基础上，出现“一面+VP1，一面+VP2”对举的形式，表示“动作行为”同时发生之义，这种对举结构的语义环境使得“一面+VP1，一面+VP2”构式所隐含的关联并列项的功能找到了可以依赖的语义环境。

石毓智在《语法化理论—基于汉语发展的历史》（2011）中指出，经常在一起出现的两个单音节词之间的关系就会改变，产生两种后果，一是他们之间的边界弱化消失，从而形成一个新的结构体；二是当两个音节结合成一个整体时，后一个音节容易弱化而成为一个语法标记。[①] 我们认为“一边”的连词用法就比较符合第一种后果，凝固成了一个新的连词用法。汉语语音系统中最基本的音步是两个音节，所以在历史的发展过程中，随着使用频率的不断增加，“一面”打破了结构系统的束缚。“一面”和动词连用，构成“分句，一面+VP”结构，分句中一般也会也是主谓

① 石毓智：《语法化理论——基于汉语发展的历史》，上海外语出版社 2011 年版。

句，只出现一个“一面”，“一面”后边的动词性成分表达的意义和前边分句动作行为有顺承性或者持续性。

随着使用频率的增加，“一面……一面……”框式的使用形式也发生了一些新的变化，出现了三个或者多个“一面”连用的情况，“一面+VP1，一面+VP2，一面+VP3……”“一面+VP1，一面+VP2”关联并列复句，“一面”后边的成分越来越趋向简化，有的只出现一个动词，动词后不出现受事对象，只是强调动作的同时进行性。在“一面”单独出现在句子中的基础上，随着语言的发展，也为了突出动作行为的连续动态性这一过程，“一面+VP1，一面+VP2”格式逐渐成为主要用法，表示某一人物动作行为的两个方面，句首一般会有明确的人物作主语。“一面……一面……”构式在使用频率上的频繁化使得这一构式在与“一面”搭配其他词语的句式中占有优势地位，尤其是明清时期开始，这一阶段“一面……一面……”框式结构被大量使用，一直发展到现当代时期，随着“一面……一面……”结构在现代汉语中语用频率的增加，促使“一面……一面……”构式成为固定用法。

三 认知原因

汉语中的名词一般都占据一定的空间，而动作则需要在一定的时间里进行，时间比空间更为抽象，描述时间时采用“时间隐喻”的方式。“时间隐喻是指用隐喻的方式来表征时间，即将别的语义范畴里的概念、表达、关系映射于时间范畴中，从而获得对时间的理解和表征。”陈燕、黄希庭（2006）认知语言学和心理学的研究认为，空间-时间隐喻成为时间隐喻众多维度的原型，也就是说人们通过对空间的隐喻来认知感知时间。本章讨论的“一面”，在句子中一般和所要描述的动作性词语紧密联系，这些动作的发生和进行都要占据时间，通过“一面”等词语在空间表达这个语义范畴对句中的动作所需的时间进行投射，利用“一面”这些词语的空间性来隐喻所修饰动作的时间性。

“一面”的固化同样也是和人们的认知隐喻有着密不可分的联系，随着人们对自身和自然界的认识加深，通过隐喻将自身认知域投射到对自然界的认知当中去，隐喻使得具体的范畴投射到其他的较为抽象的范畴当中，从具体的实物的几个表面，到事情的一方面，在表达上就开始模糊了，意义变得虚化。构成“一面+AP1，一面+AP2”格式用来形容或者说明某物体，先是具体的物体，有多个表面，后来到抽象的事物的几个方面，这符合人的认知规律。此外，“一面……一面……”构成“一面+VP1，一面+VP2”的格式，表示动作行为同时发生。它可以表示方位，某一物体的“一面”和“另一面”，这与某一事件的“一方面”与“另一方面”都是存在一定的联系的。所以“一面”能够“隐喻”在“同一时间相继、交替发生的两个（多个）动作或事件”这样一个概念。复句关系词的“一面”正是由于表示空间方位义的“一面”隐喻而来，因此，在我们对这样的事物、情景进行描述时，由于动作变化而引起空间位置的变化就成为我们进行认知的重要角度和手段。

“一面”等词语固化为复句关联标记之后，由于表示几个动作（两个以上包括两个）同时发生或进行，在句中处于动词或动词短语之前或者是在一个小句句首与其直接相连，固定为“一面+VP1，一面+VP2”的框式结构连接并列复句。此时“一面……，一面……”就像是其他的副词修饰限定动词短语一样，表现出引导和标记的句法功能。分布和功能的相对固定使得“一面”类关系词的使用情况也表现出单一性，只专用在“表示一个动作跟另一个动作同时进行”的复句中。

参 考 文 献

一　著作类

北京大学中文系 1955、1957 级语言班：《现代汉语虚词例释》，商务印书馆 1996 年版。

陈昌来：《现代汉语句子》，华东师范大学出版社 2000 年版。

陈霞村：《古代汉语虚词类解》，山西教育出版社 1992 年版。

楚永安：《文言复式虚词》，中国人民大学出版社 1986 年版。

董秀芳：《词汇化：汉语双音词的衍生和发展（修订本）》，商务印书馆 2011 年版。

丁力：《现代汉语列项选择问研究》，华中师范大学出版社 2003 年版。

段业辉、刘树晟：《现代汉语构式语法研究》，世界图书出版公司 2012 年版。

冯胜利：《汉语的韵律、词法与句法》，北京大学出版社 1997 年版。

冯胜利：《汉语韵律句法学》，上海教育出版社 2000 年版。

黄伯荣、廖序东：《现代汉语（增订四版）》，高等教育出版社 2007 年版。

郭志良：《现代汉语转折词语研究》，北京语言文化大学出版社 1999 年版。

何乐士：《古代汉语虚词词典》，语文出版社 2006 年版。

何乐士等：《古代汉语虚词通释》，北京出版社 1985 年版。

何新波：《现代汉语虚词》，海天出版社 2005 年版。

侯学超：《现代汉语虚词词典》，北京大学出版社 1998 年版。

胡裕树:《现代汉语(重订本)》,上海教育出版社 1995 年版。

华南师范学院中文系:《古代汉语虚词》,广东人民出版社 1982 年版。

金立鑫:《对外汉语教学虚词辨析》,北京大学出版社 2005 年版。

景士俊:《现代汉语虚词》,内蒙古人民出版社 1980 年版。

黎锦熙、刘世儒:《汉语语法教材·第三篇》,商务印书馆 1962 年版。

黎锦熙:《新著国语文法》,商务印书馆 1992 年版。

李宇明:《汉语量范畴研究》,华中师范大学出版社 2000 年版。

廖巧云:《因果构式的运作机理研究》,中国社会科学出版社 2011 年版。

(清) 刘淇:《助字辨略》,中华书局 1983 年版。

刘月华等:《实用现代汉语语法》,外语教学与研究出版社 1983 年版。

刘正光:《构式语法研究》,上海外语教育出版社 2011 年版。

陆俭明:《汉语语法语义研究新探索(2000—2010 演讲集)》,商务印书馆 2010 年版。

吕叔湘:《中国文法要略》,商务印书馆 1982 年版。

吕叔湘:《现代汉语八百词》,商务印书馆 1980 年版。

吕叔湘、朱德熙:《语法修辞讲话》,商务印书馆 2013 年版。

罗竹风:《汉语大词典(五卷)》,汉语大辞典出版社 1990 年版。

(元) 卢以纬等:《助语辞》,黄山书社 1985 年版。

马贝加:《汉语动词语法化》,中华书局 2014 年版。

马建忠:《马氏文通》,商务印书馆 1983 年版。

马庆株:《语法研究入门》,商务印书馆 2000 年版。

牛保义:《构式语法理论研究》,上海外语教育出版社 2011 年版。

屈承熹:《汉语认知功能语法》,黑龙江人民出版社 2005 年年版。

石毓智、李讷:《汉语语法化的历程——形态句法发展的动因和机制》,北京大学出版社 2001 年版。

石毓智:《语法化理论——基于汉语发展的历史》,上海外语出版社 2011 年版。

沈家煊:《不对称和标记理论》,江西教育出版社 1999 年年版。

太田辰夫：《中国语历史文法》，蒋绍愚、徐昌华译，北京大学出版社2003年版。

王维贤等：《现代汉语复句新解》，华东师范大学出版社1994年版。

王力：《中国语法理论》，中华书局1951年版。

王力：《汉语语法纲要》，新知识出版社1957年版。

王力：《中国现代语法》，中华书局2014年版。

王力：《汉语语法史》，商务印书馆1989年版。

王天佑：《现代汉语取舍句式的多维研究》，中国社会科学出版社2016年版。

王维贤等：《现代汉语复句新解》，华东师范大学出版社1994年版。

王寅：《认知语言学》，上海外语教育出版社2007年版。

（清）王引之：《经传释词》，岳麓书社1985年版。

王自强：《现代汉语虚词词典》，上海辞书出版社1998年版。

吴福祥、洪波：《语法化与语法研究（一）》，商务印书馆2003年版。

解惠全：《谈实词虚化》，《语言研究论丛（四）》，商务印书馆1987年版。

邢福义：《复句与关系词语》，黑龙江人民出版社1985年版。

邢福义：《现代汉语》，高等教育出版社1991年版。

邢福义：《汉语复句研究》，商务印书馆2001年版。

徐烈炯、刘丹青：《话题的结构与功能》，上海教育出版社1998年版。

徐阳春：《现代汉语复句句式研究》，中国社会科学出版社2002年版。

杨伯峻、何乐士：《古汉语语法及其发展》，语文出版社2001年版。

杨树达：《词诠》，上海古籍出版社2006年版。

姚双云：《复句关系标记的搭配研究》，华中师范大学出版社2008年版。

（清）袁仁林著，解惠全注：《虚字说》，中华书局1989年版。

臧克和、王平校订：《说文解字新订》，中华书局2002年版。

张斌：《新编现代汉语》，复旦大学出版社2002年版。

张斌：《现代汉语虚词词典》，商务印书馆2005年版。

张文国:《古汉语的名动词类转变及其发展》，中华书局 2005 年版。

张谊生:《现代汉语副词研究》，学林出版社 2000 年版。

张谊生:《现代汉语副词分析》，学林出版社 2010 年版。

张志公:《汉语知识》，人民教育出版社 1980 年版。

赵恩芳、唐雪凝:《现代汉语复句研究》，山东教育出版社 1998 年版。

赵艳芳:《认知语言学概论》，上海外语教育出版社 2001 年版。

中国社科院古汉语研究室:《古代汉语虚词词典》，商务印书馆 2002 年版。

中国社科院语言研究所词典编辑室:《现代汉语词典（第 7 版）》，商务印书馆 2017 年版。

周法高:《中国古代语法（造句编）》，台湾中央研究院历史语言研究所 1961 年版。

周刚:《连词与相关问题》，安徽教育出版社 2002 年版。

周有斌:《现代汉语选择范畴研究》，广西师范大学出版社 2004 年版。

朱景松:《现代汉语虚词词典》，语文出版社 2007 年版。

朱军:《汉语构式语法研究》，中国社会科学出版社 2010 年版。

邹韶华:《语用频率效应研究》，商务印书馆 2001 年版。

Ariel, Mira. Accessing Noun-phrase Antecedents. London: Routledge, 1990.

Goldberg, A. E. Construction: A Construction Grammar Approach to Argument Structure. Chicago: The University Chicago Press, 1995.

Hopper & Traugott. Grammaticalization. London: Cambridge University Press, 1993.

Horn, L. On the semantic Properties of the Logical operators in English. Indiana University Linguistics Club, 1972.

Kuno, Susumo. Subject, Theme and the Speaker' empathy-a Reexamination of Relativization Phenomena in Subject and Topic. New York: Academic Press, 1976.

Lakoff, G. Women, Fire, and Dangerous Things: What Categories Reveal about the Mind. Chicago: the University of Chicago Press, 1987.

Traugott, E. C. Subjectification in Grammaticalization. In Stein &

Wright, Subjectivity and Subjectivisation: Linguistic Perspective. Cambridge: Cambridge University Press, 1995.

二 论文类

曹炜:《近代汉语并列连词“并”的产生、发展及其消亡》,《语文研究》2003 年第 4 期。

昌梅香、祝晓宏:《“怎么 X 怎么 Y”的句式语义及其语法化》,《北方论丛》2008 年第 4 期。

陈燕、黄希庭:《时间隐喻研究述评》,《心理科学进展》2006 年第 4 期。

陈乐平:《位移动词“来”“去”语用分析》,《韶关学院学报》2005 年第 11 期。

储泽祥:《名词的空间义对及其对句法功能的影响》,《语言研究》1997 年第 2 期。

崔岑岑:《面向对外汉语教学的选择复句研究》,硕士学位论文,南京师范大学,2008 年。

戴浩一:《时间顺序和汉语的语序》,黄河译,《国外语言学》1988 年第 1 期。

戴庆厦、朱艳华:《藏缅语、汉语选择疑问句比较研究》,《语言研究》2010 年第 4 期。

董秀芳:《无标记焦点和有标记焦点的确定原则》,《汉语学习》2003 年第 2 期。

董秀芳:《“是”的进一步语法化:由虚词到词内成分》,《当代语言学》2004 年第 6 期。

高书贵:《“宁可……也不”句式探析》,《天津师范大学学报》1989 年第 5 期。

高书贵:《“宁可”类句式对取舍项语义结构形态的变异要求》,《南开语言学刊》2005 年第 1 期。

高顺全:《“与其 p,不如 q”格式试析》,《南开语言学刊》2004 年第 1 期。

郭爱平:《先秦汉语“其”字研究》,硕士学位论文,西南大学,2007 年。

何宛屏：《说“宁可”》，《中国语文》2001 年第 1 期。

贺菊玲：《论“一边 A，一边 B”的句法、语义和语用功能》，《陕西师范大学学报》2001 年第 S1 期。

胡孝斌：《说“还是”》，《语言教学与研究》1997 年第 4 期。

黄学：《“有什么 X（的）?”构式研究》，硕士学位论文，浙江师范大学，2013 年。

江蓝生：《概数词“来”的历史考察》，《中国语文》1984 年第 2 期。

江蓝生：《“VP 的好”句式的两个来源——兼谈结构的语法化》，《中国语文》2005 年第 5 期。

蒋协众：《“名 1 是名 2 的名 3”的句式对名词的选择及其语用法的语法化》，《汉语学习》2006 年第 5 期。

金春梅：《实词虚化研究述评》，《学术研究》2004 年第 10 期。

金鑫：《“一边”类关系词及其相关句式研究》，硕士学位论文，华中师范大学，2007 年。

李崇兴：《选择问记号“还是”的来历》，《语言研究》1990 年第 2 期。

李会荣：《“与其 p，不如 q”格式的语义关系新探》，《语文研究》2008 年第 4 期。

李会荣、陈昌来：《“与其 p，宁可 q”格式的逻辑基础及语义内涵》，《华文教学与研究》2009 年第 3 期。

李晓飞：《现代汉语“来”及其语法化》，硕士学位论文，扬州大学，2009 年。

李振中：《试论现代汉语框式结构》，《甘肃社会科学》2008 年第 5 期。

刘爱菊：《汉语并列连词与伴随介词共时纠葛的历时分析——以并列连词“及”的历时语法化来源为例》，《南开语言学刊》2006 年第 1 期。

刘坚、曹广顺、吴福祥：《论诱发汉语词汇语法化的若干因素》，《中国语文》1995 年第 3 期。

龙国富：《“越来越……”构式的语法化——从语法化视角看语法构式的显现》，《中国语文》2013 年第 1 期。

龙国富：《试论汉语“为”字被动式的构式语法化》，《古汉语研究》2014 年第 3 期。

龙海平、肖小平：《已然义“（是）……的”类句式的语法化——以“S是AV的O”句式为例》，《语言教学与研究》2009年第2期。

马贝加、蔡嵘：《系词“是”的语法化》，《古汉语研究》2006年第3期。

马鲁：《“一来”的虚化及相关问题研究》，硕士学位论文，上海师范大学，2009年。

马清华：《并列连词的语法化轨迹及其普遍性》，《民族语文》2003年第1期。

梅祖麟：《现代汉语选择问句法的来源》，《梅祖麟语言学论文集》，商务印书馆2000年版。

孟繁杰、李焱：《量词“面”的语法化 》，《海外华文教育》2009年第3期。

彭小川、胡玲：《转折句中的“还是”》，《汉语学习》2009年第6期。

邱翼东：《试论“是……还是……”的语意重心》，《语文月刊》2001年第7期。

邵敬敏、周有斌：《“宁可”格式研究及其方法论意义》，《语言教学与研究》2003年第5期。

邵敬敏：《现代汉语选择问研究》，《语言教学与研究》1994年第2期。

邵敬敏：《汉语框式架构说略》，《中国语文》2011年第3期。

邵敬敏：《关于框式结构研究的理论与方法》，《语文研究》2015年第2期。

沈家煊：《复句三域“行、知、言”》，《中国语文》2003年第3期。

沈家煊：《语言的“主观性”和“主观化”》，《外语教学与研究》2001年第4期。

沈家煊：《“语法化”研究综观》，《外语教学与研究》1994年第4期。

沈家煊：《实词虚化的机制—〈演化而来的语法〉评价》，《当代语言学》1998年第3期。

史金生：《“要不”的语法化——语用机制及相关的形式变化》，《解放军外国语学院学报》2005年第6期。

石毓智：《判断词“是”构成连词的概念基础》，《汉语学习》2005年第5期。

石毓智：《时间的一维性对介词衍生的影响》，《中国语文》1995年第1期。

舒江波、胡金柱、罗进军：《计算视角下的“不是A，就是B”格式分析》，《汉语学习》2011年第5期。

宋晖：《P式句的语法验查——兼与“与其A，不如B”句式比较》，《长春教育学院学报》2006年第2期。

宋晖：《现代汉语中的“与其p，宁可q”格式刍议》，《语言与翻译（汉文）》2009年第1期。

宋晖：《“宁”标复句的表值解析》，《语文研究》2009年第4期。

孙青阁：《现代汉语“要么”考察》，硕士学位论文，上海师范大学，2014年。

孙云：《谈谈即使句、宁可句、无论句》，《内蒙古师大学报》1983年第2期。

汤洪丽：《汉语正反问句的历时演变考察》，硕士学位论文，苏州大学，2008年。

王灿龙：《“宁可”的语用分析及其他》，《中国语文》2003年第3期。

王红斌：《“一边p（V/VP），一边q（V/VP）”对动词和动词性结构的选择》，《语言研究》2007年第1期。

王弘宇：《“一边A，一边B”的内部语义关系分析》，《中国语文》1997年第2期。

王天佑：《连词“与其”词汇化的过程及动因》，《语文研究》2011年第2期。

王天佑：《汉语取舍范畴研究》，博士论文，山东师范大学，2012年。

王天佑：《“与其p，不如q”句式的主观化》，《语文研究》2015年第1期。

王伟丽、邵敬敏：《“一面p，一面q”的语义类型及相关句式》，《语言教学与研究》2000年第3期。

王小彬：《从预设的角度看“与其”句和“宁可”句的区别和归类》，《零陵学院学报》2005年第3期。

王秀丽：《汉语选择关系复句的语用意义》，《汉语学习》1994年第4期。

王彦杰：《“宁可”句式的语义选择原则及其语篇否定功能》，硕士学位论文，北京语言文化大学，2002年。

王忠良：《试论取舍复句的逻辑意义》，《延边大学学报》1991年第3期。

吴福祥：《近年来语法化研究的进展》，《外语教学与研究》2004年第1期。

吴为善、夏芳芳：《“A不到哪里去”的构式解析、话语功能及其成因》，《中国语文》2011年第4期。

向明友、黄立鹤：《汉语语法化研究-从实词虚化到语法化理论》，《汉语语法化研究》2008年第5期。

邢福义：《关系词“一边”的配对和单用》，《世界汉语教学》1998年第4期。

徐朝红：《中古汉语并列连词“并”的发展演变》，《语言研究》2007年第4期。

徐盛桓：《论荷恩的等级关系——新格赖斯会话含意理论系列研究之十》，《上海外国语大学学报》1995年第1期。

许余龙：《语篇回指的认知语言学探索》，《外国语》2002年第1期。

杨江：《“与其”句式及相关问题研究》，硕士学位论文，暨南大学，2006年。

杨玉玲：《谈“宁可……也”的语用条件和教学》，《首都师范大学学报》2000年增刊期。

姚尧：《“或”和“或者”的语法化》，《语言研究》2012年第1期。

姚占龙：《“说、想、看”的主观化及其诱因》，《语言教学与研究》2008年第5期。

叶纯云：《与表“选择”义的“还是”相关的格式研究》，硕士学位论文，上海师范大学，2015年。

叶火明：《谈“宁可”》，《高等函授学报》1996年第4期。

尹蔚：《有标选择复句语用价值探察》，《汉语学报》2013年第3期。

尹蔚：《选择关系标记关联模式探究》，《汉语学报》2010年第1期。

尹蔚：《“或者说”类有标选择复句的语义类型及语用机制考察》，

《中南大学学报》（社会科学版）2011 年第 3 期。

尹蔚：《多维视域下的有标选择复句研究》，博士学位论文，华中师范大学，2008 年。

袁毓林：《词类范畴的家族相似性》，《中国社会科学》1995 年第 1 期。

张宝胜：《“宁可”复句的语义特征》，《语言研究》2007 年第 1 期。

张剑：《取舍复句类别及其修辞作用新探》，《鞍山师范学院学报》1994 年第 1 期。

张坤、李丹丹：《表“怨责义”的真假对比选择问》，《语文学刊》2009 年第 11 期。

张言军：《“是……，还是……”的非常规用法》，《语文建设》2009 年第 1 期。

周有斌：《现代汉语选择范畴研究》，博士学位论文，华东师范大学，2002 年。

周有斌：《谈谈“要么”的语法化》，《阜阳师范学院学报》（社会科学版）2011 年第 6 期。

周有斌：《“或者”与“或”的差异》，《宿州教育学院学报》2004 年第 1 期。

周有斌、邵敬敏：《“或者”单用、双用与多用的条件制约》，《语文研究》2002 年第 2 期。

朱子良：《选择复句与选言命题》，《古汉语研究》1995 年增刊期。

后　记

本书获得“山东省一流学科山东师范大学文学院中国语言文学学科建设经费的资助”。近十多年来，汉语复句及其关联标记的研究一直是我研究的一个重点方向。在该领域前期已有两本专著出版，本书是我已有研究成果的继续，也是我们课题组成员共同努力的结晶。

众所周知，汉语复句研究已取得丰硕的成果，从事汉语复句研究的学者数量可观，最值得称道的当是华中师大邢福义先生麾下的华中语学团队。尽管如此，汉语复句研究尚有不少领域值得去发掘和开拓，比如汉语复句的历时研究、汉语复句的类型学研究、面向对外汉语教学的复句研究等仍有不少问题有待我们去探索。

本书从历时发展的角度，研究现代汉语几类常用复句关联标记的历时演变过程及其动因。全书由王天佑提出各章选题、设计技术路线和研究目标。第一、二、三章由王天佑执笔；其余六章，在王天佑的具体指导下，第四、五、六章主要由许萌萌执笔，第七、八、九章主要由崔现悦执笔。写作过程中，课题组成员曾多次反复论证，最后全书由王天佑统一修改并定稿。

本书的顺利完成得到学院领导的关怀和指导，得到学科负责人以及同事们的支持和帮助，得到学界同仁的关心和鼓励，在此一并表达我们深深的谢意。本书的顺利出版与编校人员的辛勤付出是分不开的，在此谨向他们表示衷心的感谢。

王天佑

2018 年 9 月 10 日于泉城